· 上海市青少年学生校外活

# 上海市中小学生
# 户外自然探究活动

## 参考手册

上海教育出版社
SHANGHAI EDUCATIONAL
PUBLISHING HOUSE

**上海市教育委员会**

学生社会实践基地建设校外教育资源开发专项资助

**顾　　问：邹　竑**
**主　　编：殷海生**
**副 主 编：黄健波　顾洁燕**

# 目录

## 春篇

一、节气 /3
二、植物 /4
三、动物 /12
四、微生物 /22
五、天文与气象 /22

## 夏篇

一、节气 /35
二、植物 /36
三、动物 /43
四、天文与气象 /58

# 目录

CONTENTS

## 秋篇

一、节气 /69
二、植物 /70
三、动物 /82
四、天文与气象 /90

## 冬篇

一、节气 /103
二、植物 /104
三、动物 /117
四、天文与气象 /121

附录：昆虫的采集 /129
致谢 /132

# 春

# SPRING

# 一、节　气

春季的时间：2—4 月

二十四节气是中国历法的独特创造，几千年来对推动中国农牧业发展起了重要作用。节气的名称最早出现在殷商时代，到西汉二十四节气便已完备了。2016 年 11 月 30 日，二十四节气被正式列入联合国教科文组织人类非物质文化遗产名录。

立春：每年的 2 月 3—4 日，谓春季开始之节气。“立”是开始的意思，表示万物复苏的春天开始了，天气回暖，万物更新，是农事活动开始的标志。

雨水：每年的 2 月 18—19 日，此时冬去春来，气温开始逐渐回暖，冰雪融化，雨水逐渐增多，但冷空气活动仍十分频繁。

惊蛰：每年的 3 月 5—6 日，指的是春雷开始轰鸣，冬天蛰伏的冬眠生物开始活动。惊蛰前后乍寒乍暖，气温和风的变化都较大。

春分：每年的 3 月 20—21 日，“分”是“半”的意思，这是春季 90 天的中分点，阳光直射赤道，昼夜几乎等长。我国广大地区越冬作物将进入春季生长阶段。

清明：每年的 4 月 4—5 日，气温回升，天气逐渐转暖，草木萌动，自然界出现一片清秀明朗的景象。

谷雨：每年的 4 月 19—20 日，雨水增多，利于谷类生长。

谚语：一年之计在于春，一日之计在于晨。

春雨贵如油。

春天孩子面，一日三变脸。

诗词：碧玉妆成一树高，万条垂下绿丝绦。——贺知章《咏柳》

好雨知时节，当春乃发生。——杜甫《春夜喜雨》

春眠不觉晓，处处闻啼鸟。——孟浩然《春晓》

野火烧不尽，春风吹又生。——白居易《赋得古原草送别》

## 二、植　　物

玉兰（*Yulania denudata*）：木兰科玉兰属落叶乔木，别名白玉兰。先开花再长叶，花大而芳香，白色到淡紫红色，果实为聚合蓇葖果。玉兰外形极像莲花，盛开时，花瓣展向四方，具有很高的观赏价值，为美化庭院之理想植物。上海市市花。

梅（*Armeniaca mume*）：蔷薇科杏属小乔木，稀灌木，高 4~10 米。耐寒，初春开花。花香味浓，先于叶开放；花萼通常红褐色，花瓣倒卵形。梅原产我国南方，已有 3000 多年的栽培历史，无论作观赏或果树均有许多品种。在中国传统文化中，梅以它的高洁、坚强、谦虚的品格，给人以立志奋发的激励。

紫荆（*Cercis chinensis*）：豆科紫荆属丛生或单生灌木，高 2~5 米。花紫红色或粉红色，2~10 余朵成束，簇生于老枝和主干上，通常先于叶开放；果实为荚果。紫荆是一种美丽的木本花卉植物，春日繁花簇生枝间，满树紫红，鲜艳夺目，故又名“满条红”。

郁金香（*Tulipa gesneriana*）：百合科郁金香属多年生草本。叶 3~5 枚，花单朵顶生，大型而艳丽，花色多种多样；花被片 6 枚，6 枚雄蕊等长，无花柱，柱头增大呈鸡冠状。郁金香被称为“世界花后”，现世界各地均有种植。郁金香还是荷兰、伊朗、土耳其、土库曼斯坦等国的国花。

玫瑰（*Rosa rugosa*）：蔷薇科蔷薇属直立灌木。原产中国北方沿海地区，因为花极芳香，主要用途是作为香料或提制香精，也能栽培供观赏。

艾（*Artemisia argyi*）：菊科蒿属多年生草本或略成半灌木状植物，植株有浓烈香气。茎单生或少数，褐色或灰黄色，基部稍木质化，并有少数短的分枝；叶厚纸质，上面被灰白色短柔毛；上部叶与苞片叶羽状半裂、浅裂或 3 深裂或 3 浅裂，或不分裂；头状花序椭圆形，花冠管状或高脚杯状，外面有腺点，花药狭线形，花柱与花冠近等长或略长于花冠。瘦果长卵形或长圆形。花果期 7—10 月。

水仙（*Narcissus tazetta*）：石蒜科水仙属多年生草本。鳞茎肥大似大蒜，卵形至广卵状球形，外被棕褐色皮膜。叶狭长带状，有花 4~8 朵，白色，芳香；副花冠浅杯状，淡黄色。花香扑鼻，成为世界上有名的冬季室内和花园里陈设的花卉之一。

一品红（*Euphorbia pulcherrima*）：大戟科大戟属灌木。叶互生，卵状椭圆形、长椭圆形或披针形；苞叶 5~7 枚，朱红色；花序数个，花果期 10 月至翌年 4 月。原产中美洲，广泛栽培于热带和亚热带。中国绝大部分地区均有栽培，供观赏。

蜡梅（*Chimonanthus praecox*）：蜡梅科蜡梅属落叶灌木，高达 4 米。花着生于第二年生枝条叶腋内，先花后叶，花期 11 月至翌年 3 月，果期 4—11 月。花黄似蜡，浓香扑鼻，是冬季观赏主要花木。

结香（*Edgeworthia chrysantha*）：瑞香科结香属灌木，高约 0.7~1.5 米，小枝粗壮，褐色，常作三叉分枝。叶长圆形、披针形至倒披针形。头状花序顶生或侧生，具花 30~50 朵成绒球状。果椭圆形，绿色。花期冬末春初，果期春夏间。

红花酢浆草（*Oxalis corymbosa*）：酢浆草科酢浆草属植物，多年生直立草本。叶柄长 5~30 厘米或更长，被毛；小叶 3 枚，扁圆状倒心形。花瓣 5 片，倒心形，淡紫色至紫红色。花果期 3—12 月。原产南美热带地区，中国作为观赏植物引入，现已在野外形成种群。生于低海拔的山地、路旁、荒地或水田中。

紫藤（*Wisteria sinensis*）：豆科紫藤属植物，落叶藤本。茎左旋，枝较粗壮。奇数羽状复叶，小叶 3~6 对。总状花序，花冠紫色。果为荚果，倒披针形。花期

4 月中旬至 5 月上旬，果期 5—8 月。原产我国，自古即栽培作庭园棚架植物，先叶后花，紫穗满垂缀以稀疏嫩叶，十分优美。

红花檵木（*Loropetalum chinense*）：金缕梅科檵木属灌木，有时为小乔木。叶卵形。花 3~8 朵簇生，有短花梗，紫红色，比新叶先开放，或与嫩叶同时开放，花瓣 4 片，带状。花期 3—4 月。分布于我国中部、南部及西南各地区。

荠（*Capsella bursa-pastoris*）：十字花科荠属植物，一年或两年生草本。茎直立，基生叶丛生呈莲座状。茎生叶窄披针形或披针形。花瓣白色，卵形。果为短角果，倒三角形或倒心状三角形。花果期 4—6 月。分布全国，可作蔬菜食用。

大豆（*Glycine max*）：豆科大豆属植物，一年生草本。茎粗壮，直立，密被褐色长硬毛。叶通常具 3 小叶，宽卵形、近圆形或椭圆状披针形。总状花序，通常有 5~8 朵几无柄而密生的花。荚果肥大，长圆形，稍弯，下垂，黄绿色；种子（豆粒）2~5 颗，椭圆形、近球形、卵圆形至长。未成熟时豆粒绿色，连豆荚采下，即为“毛豆”；成熟后豆粒发黄，即为“黄豆”。花期 6—7 月，果期 7—9 月。原产我国，全国各地均有栽培，亦广泛栽培于世界各地。

杜鹃（*Rhododendron simsii*）：杜鹃花科杜鹃花属植物，落叶灌木，高 2~5 米。叶革质，常集生枝端，卵形、椭圆状卵形、倒卵形或倒卵形至倒披针形。花簇生于枝顶。花冠阔漏斗形，玫瑰色、鲜红色或暗红色。花期 4—5 月，果期 6—8 月。

细叶小羽藓（*Haplocladium microphyllum*）：羽藓科小羽藓属植物体小形，植株纤细，绿色或黄绿色。匍匐茎长 3~8 厘米，具不规则一回或二回羽状分枝，茎上生许多各种形状的鳞毛。茎叶阔卵形或卵状披针形，具狭长尖端，边缘平展或内卷，全缘或有细锯齿；中肋明显，至叶尖消失；枝叶较小，卵圆形。孢蒴长椭圆形，淡黄色，水平列；蒴柄由枝部的叶腋处伸出，直立，长 1.5~3 厘米，红色。生于阴湿的土坡上、树干基部或墙脚废弃的砖瓦上。

波叶仙鹤藓（*Atrichum undulatum*）：湿地植物。柔嫩，深绿色，老时呈褐色，群集成丛生长。茎单一，高 2~5 厘米，基部密生棕色假根。叶干燥时皱缩或卷曲，潮湿时伸展，长舌形或阔披针形，短尖，长 4~6 毫米，有多数斜波纹；叶边明显分化，上部具双齿；中肋单一，长达叶尖。雌雄同株。蒴柄直立，橙红色。孢蒴倾立或略弯曲，长圆柱形，褐色。生于山地阴湿林边或路旁土坡上。

## 活动主题：玫瑰和月季

时间：4 月

户外地点：种植有玫瑰、现代月季的花园、公园

活动内容：观察玫瑰和现代月季的茎、叶、花萼、花瓣和花蕊形态；闻一闻花的气味。注意：玫瑰和现代月季均为有刺植物，观察时注意勿被刺伤，必要时可戴手套。

科学内容：玫瑰和现代月季在植物学上均属于蔷薇科蔷薇属（*Rosa*）。蔷薇属有大约 200 个野生种，其中将近一半（95 种）在中国有分布。

现代月季是 1863 年之后许多园艺栽培品种的统称，由几个野生种经过长期反复杂交育种之后培育而成。在日常用语中，现代月季常被称为“玫瑰”，和植物学上所说的玫瑰构成“同名异物”关系。因此，所谓“分清玫瑰和月季”，是指分清植物学上所说的玫瑰和现代月季。

玫瑰和现代月季的祖先种的亲缘关系较远，因此在形态上有很多不同，如下表所示：

| 性状 | 玫瑰 | 现代月季 |
|---|---|---|
| 花期 | 一年只开一次花，上海地区为 4—5 月，花期短暂 | 一年可开至少两次花，通常在晚春和早秋，花期较长 |
| 茎 | 具有绒毛和较密的长针形皮刺，几乎垂直于茎表面 | 通常无毛，具有稀疏的钩形皮刺，钩尖下弯 |
| 叶 | 叶面呈褶皱状，叶脉在上表面凹陷 | 小叶叶面平整，叶脉不凹陷，上表面常有光泽 |

（续表）

| 性状 | 玫瑰 | 现代月季 |
|---|---|---|
| 花瓣 | 栽培品种有单瓣的，也有重瓣（花瓣数大于5枚）的，颜色为紫红色或白色；花形单调 | 栽培品种多为重瓣，颜色非常丰富，有白、黄、红、紫等多种色系（但没有蓝色）；花形丰富多样 |
| 花蕊 | 中央雌蕊的花柱明显比雄蕊短 | 中央雌蕊的花柱与雄蕊近等长 |
| 气味 | 极为芳香 | 无香或微香 |

观察玫瑰和现代月季的茎、叶、花瓣和花柱形态，闻一闻花的气味。

准备事项：笔、记录本、手套。

## 学习记录单

小学低年级：记录玫瑰和现代月季在茎、叶、花瓣和气味上的不同，大致画出这些形态的形状和颜色。

小学高年级：较小学低年级增加对花蕊的观察。

初中阶段：在小学高年级内容的基础上，通过查阅资料，了解现代月季的培育过程。

高中阶段：在初中阶段内容的基础上，通过查阅资料，了解蔷薇属的传统分类（主要基于形态）和现代分类（主要基于分子序列）的差别，了解分子系统学方法的原理。

动手 DIY：

假花制作

运用纸、布等材料，制作仿真玫瑰和仿真现代月季，要求能够准确体现二者的真实形态。

相关场馆链接：上海辰山植物园、上海植物园

历史故事：

红蔷薇的象征意义

在西方文化中，红蔷薇（现代月季的前身之一）是爱情的信物。据希腊神话记载，司管爱情的女神阿芙洛狄忒（相当于罗马神话中的维纳斯）曾经倾心于一位叫阿多尼斯的美男子。后来阿多尼斯在打猎时被野猪杀死，阿芙洛狄忒闻讯跑去。在途中，她的皮肤被蔷薇刺扎伤，血流出来落到蔷薇上，便使原本白色的蔷薇变成红色了。这就是红蔷薇被作为爱情象征的由来。

## 三、动　　物

桃蚜（*Myzus persicae*）：半翅目蚜科昆虫。体小，成虫体长 1~4 毫米，卵圆形，口器刺吸式，有翅或无翅。危害桃、李树等果树。常群居在一起，吸食植物柔嫩部分的汁液，是主要的农业和园林害虫。可进行无性繁殖，触角上有许多感觉器，尾部可以分泌蜜露，吸引蚂蚁舔食并保护自己。

家白蚁（*Coptotermes formosanus*）：等翅目鼻白蚁科昆虫。身体软弱，白色或淡黄色，触角念珠状。蚁后身体粗大，腹部肥胖。工蚁最小，约10毫米左右。兵蚁比工蚁稍大，头部有深色发达的上颚（牙）。白蚁一般没有翅，只有繁殖蚁才有翅。

黑带食蚜蝇（*Episyrphus balteatus*）：双翅目食蚜蝇科昆虫。成虫体长10毫米左右，体黄色伴有黑条纹。成虫常在花上活动，食花粉和花蜜，幼虫以蚜虫为食。

樟青凤蝶（*Graphium sarpedon*）：鳞翅目凤蝶科昆虫。体型中等，翅黑色。前后翅正面中部有一列较大的蓝绿色斑纹；后翅边缘呈波浪状，近边缘有一列较小的蓝绿色弧斑，缺少尾突；后翅反面近身体处有一条红斑，近中央另有数条红斑。国内分布很广，幼虫危害樟树等植物。

达摩凤蝶（*Papilio demoleus*）：鳞翅目凤蝶科昆虫。体型中等，翅黑褐色，有黄色碎斑。前翅正面近身体处有许多小黄点，中部和近边缘处有大小不等的黄色

SPRING

斑。后翅正面中部有一条黄色宽带，其上端有一个蓝黑色眼状斑，近边缘有 5~6 个黄色斑和一个红色圆斑，圆斑上部蓝黑色，缺少尾突。前翅反面与正面相似，但近身体处为黄色条纹；后翅反面黄色斑较大，中部有深黄色斑纹，其余同正面。

玉带凤蝶（*Papilio polytes*）：鳞翅目凤蝶科昆虫。体型中等，雌雄个体色彩相差较大。雄性前后翅正面黑色，前翅边缘有小白斑，后翅中部有黄白色带，边缘波浪状，有尾突；反面似正面，但后翅近边缘有 7 个红色的弧斑，最后一个呈环状。雌性前翅正面中部以外有灰色条纹；后翅中部有多个白色或红色的小斑，近边缘有红白色的弧斑，最后一个呈环状，边缘波浪状，具尾突。危害柑橘等植物。

柑橘凤蝶（*Papilio xuthus*）：鳞翅目凤蝶科昆虫。体型中等，前后翅为黄色，黑色斑纹。前翅正面有整齐的黑色条纹，近外缘有一条黑色的直带，外缘有 8 个黄色弧斑。后翅近外缘的黑色直纹内有数个蓝色斑，外缘的 6 个黄色弧斑较大，并有一个深黄色、内有黑点的圆斑，有尾突。翅反面与正面相似，前翅外缘的弧斑变成直纹；后翅的黑色条纹不整齐，并有深黄色的斑点。在我国分布很广，多生活在柑橘园，危害柑橘等植物。

菜粉蝶(*Pieris rapae*):鳞翅目粉蝶科昆虫。翅面和脉纹白色,前翅顶角褐色,中部有两个黑色斑点。多生活在十字花科植物上。

意大利蜜蜂(*Apis mellifera ligustica*):膜翅目蜜蜂科昆虫。也称西蜂,体长10毫米左右,黄褐色,尾部有毒针。身体较小,多数有毛,雄性的触角13节,雌性12节,口器是既能咀嚼固体食物又能吸食液体食物的嚼吸式,翅发达,前足有净角器,后足小腿有能携带花粉的"花粉篮"。在全国各地均有饲养。

家蚕蛾(*Bombyx mori*):鳞翅目蚕蛾科昆虫。幼虫以桑叶为食,经过四次蜕皮,五龄结茧化蛹,羽化成蛾后不再进食。成虫体长20毫米,翅展40毫米。身体有白色的毛,前翅有横条纹,无法飞行。蚕茧是重要的纺织原料,可做成各种丝织品。

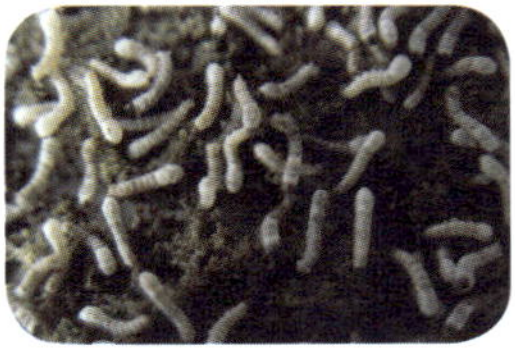

SPRING

大草蛉（*Chrysopa septempunctata*）：脉翅目草蛉科昆虫。成虫体长 15 毫米左右，多为绿色，头部有黑色斑纹，最少两斑，最多有 7 斑。复眼半球形突出，有金属光泽，翅宽大透明，翅脉网状，身体有臭味。成虫和幼虫均食蚜虫为生，多见于植物上，冬季也见于室内白墙上。

方形环棱螺（*Sinotaia quadrata*）：中腹足目田螺科动物，即通常俗称的“螺蛳”。螺壳圆锥形，坚厚，壳顶尖。壳面黄褐色或深褐色。壳口卵圆形，边缘完整。体柔软，头部圆柱形，前端有突出的口吻，口基部有触角 1 对，每一触角基部的外侧，各有隆起的眼 1 个。足位于头部下方，形大。生活于河沟、湖泊、池沼及水田内；多栖息于腐殖质较多的水底。以藻类及其他植物的表皮为食。中国大部分地区均有分布。

青鱼（*Mylopharyngodon piceus*）：鲤形目鲤科鱼类。体长可达 1 米以上。青黑色，鳍灰黑色。头宽平，无须。栖息水体中下层，主食螺蛳、蚌、虾和水生昆虫。4~5 龄性成熟，在河流上游产卵，可人工繁殖。个体大，生长迅速，最大个体达 70 千克。为中国主要淡水鱼类养殖对象。分布于中国各大水系，主产于长江以南平原地区，“四大家鱼”之一。

黄鳝（*Monopterus albus*）：合鳃目合鳃科硬骨鱼。体长 0.2~1 米，体前圆后部侧扁，尾尖细。体表有一层光滑的黏膜保护，无鳞，色泽黄褐色，有不规则的暗黑斑点，各鳍不发达，基本消失。生活在稻田、小河、小溪、池塘、河渠、湖泊等淤泥质水底层，在中国各地均有产。黄鳝为肉食凶猛性鱼类，多在夜间出外摄食，能捕食各种小动物，如昆虫及其幼虫，也能吞食蛙、蝌蚪和小鱼。黄鳝有性转换的现象存在，即出生均为雌性，长至一定阶段后变为雄性。

大白鹭（*Ardea alba*）：鹳形目鹭科鸟类。大型鹭类，体长 82~98 厘米。颈、脚甚长，两性相似，全身洁白。眼黄色；喙橙黄色（繁殖期黑色）；面部及周眼皮肤呈绿色；脚、腿黑色。背上、肩上披有蓑羽，长超过尾部，生殖期后蓑羽消失。栖息于河川、海滨、沼泽湿地或水田中。白天多单独寻觅食物，在食物丰富的区域内，也成小群活动。以小鱼、虾及水生昆虫、贝类等为食。

夜鹭（*Nycticorax nycticorax*）：鹈形目鹭科鸟类。中型涉禽，体长 46~60 厘米。体较粗胖，颈较短；嘴尖细，微向下曲，黑色；胫裸出部分较少，脚和趾黄色；头顶至背黑绿色而具金属光泽；上体余部灰色；下体白色；枕部披有2~3枚长带状白色饰羽，下垂至背上，极为醒目。栖息和活动于平原和低山丘陵地区的溪流、水塘、江河、沼泽和水田地。晨昏和夜间活动，喜结群，主要以鱼、蛙、虾、水生昆虫等动物性食物为食。

小白鹭（*Egretta garzetta*）：鹳形目鹭科鸟类。中型涉禽，体长52~68厘米。体形纤瘦，全身白色，眼黄色，嘴黑色，面部裸皮灰色，脚、腿黑色，趾上常杂有黄色。栖息于沼泽、稻田、湖泊或滩涂地。以各种小鱼、昆虫等动物性食物为食，也吃少量谷物等植物性食物。

黑尾蜡嘴雀（*Eophona migratoria*）：雀形目燕雀科鸟类。中型鸟类，体长17~21厘米。嘴粗大、黄色。雄雌异形异色，雄鸟头黑色，背灰褐色，腰和尾上覆羽浅灰色，两翅和尾黑色，腹和尾下覆羽白色。雌鸟头灰褐色，背灰黄褐色，腰和尾上覆羽近银灰色，尾羽灰褐色，端部多为黑褐色。

黑水鸡（*Gallinula chloropus*）：鹤形目秧鸡科鸟类。中型涉禽，体长24~35厘米。嘴长度适中，嘴和额甲色彩鲜艳。翅圆形，尾下覆羽白色。趾很长，趾具狭窄的直缘膜或蹼。通体黑褐色，嘴黄色，尾下覆羽两侧为白色，中间黑色，甚为醒目。脚黄绿色，脚上部有一鲜红色环带。游泳时身体露出水面较高，尾向上翘，露出尾后两团白斑。栖息于灌木丛、蒲草、苇丛，善潜水，多成对活动，以水草、小鱼、虾、水生昆虫等为食。

## 活动主题：踏春观鹭

时间：3—4 月

户外地点：郊野、湿地、公园等地

活动内容：观察春季鹭的体型外貌、飞行时的姿态、栖息地环境、鸟巢与幼鸟。

科学内容：鹭科的鸟类为大、中型涉禽，主要栖息于沼泽、河口、沙洲、水田、池塘及溪流等水域附近，它们是湿地生态系统中的重要指示物种。它们具有长嘴、长颈、长脚的外形，羽色有白色、褐色、灰蓝色等，有些鹭科鸟类羽色有冬羽、夏羽分别，或是繁殖期会在头、胸、背等部位出现丝状饰羽，繁殖期过后逐渐消失。飞行时长颈会缩成 S 形，长腿会伸出尾后，振翅缓慢，是野外鹭科鸟类的辨识特征。

全世界共有鹭科鸟类 62 种，中国有 22 种，包括白鹭、夜鹭、苍鹭、草鹭、池鹭、牛背鹭等。

春季是鹭类鸟的繁殖期。鹭喜群居，常集结在一棵大树上栖息；繁殖时也结群，一棵大树上几个到几十个巢，数量多而易于观察。每到春天，雄夜鹭晃着头上的两条白色辫子，踏着脚步，以怪叫赢得雌鸟的青睐。白鹭身上会长出美丽的蓑羽，互相采集树枝献给情侣，以表爱慕之意。鹭类选择的筑巢区一般位于湿地的附近，人为干扰不大、植被覆盖较好的树林、竹林或灌木林。除了可以观察到鹭的飞行、觅食、衔枝筑巢、孵化等行为，幸运的话还可以观察到雌雄鸟共同育雏的景象，所以春季是观察鹭鸟行为的好时节。

准备事项：望远镜、笔、记录本。

## 学习记录单

小学阶段：大致画出鹭的外形，按身体各部分颜色区分大白鹭、小白鹭和夜鹭。

初中阶段：观察鹭的栖息环境及食物，巢的材料、搭建位置、数量。

高中阶段：观察记录夜鹭的繁殖行为。

动手 DIY：

鸟巢制作

鹭大多营巢于高大的树上或芦苇丛中，有时一棵树上同时有数对到数十对营巢，由雌雄亲鸟共同进行。巢较简陋，通常由枯枝和干草构成，有时巢内垫有少许柔软的草叶。巢结构较为简单，呈盘状。夜鹭的巢外径 30~51 厘米，内径 28~32 厘米，高 12~15 厘米，深 8~9 厘米，也有利用旧巢的习性。大白鹭的巢外径 56~61 厘米，内径 52~54 厘米，高 22~25 厘米，深 15~20 厘米。

尝试用树枝和棕丝、柳条搭建一个相似的巢，体会鹭的建筑本领。

相关场馆链接：上海动物园、上海植物园、上海自然博物馆

历史故事：

歌咏白鹭

古代咏白鹭诗最多，早在《诗经》中就有“振鹭于飞，于彼西雍”的记载。杜甫的“两个黄鹂鸣翠柳，一行白鹭上青天”和宋人徐元杰的“花开红树乱莺啼，草长平湖白鹭飞”是描写白鹭最广为流传的诗句了。白鹭诗有的歌咏鹭的风采，有的借鹭抒情，多有佳作。这洁白无瑕的白鹭入诗入画深为人爱。

# 四、微 生 物

香菇（*Lentinus edodes*）：伞菌目光茸菌科香菇属。香菇子实体单生、丛生或群生，子实体中等大至稍大。菌盖直径5~12厘米，有时可达20厘米，幼时半球形，后呈扁平至稍扁平，表面菱色、浅褐色、深褐色至深肉桂色，中部往往有深色鳞片，而边缘常有污白色毛状或絮状鳞片。菌肉白色，稍厚，细密，具香味。香菇栽培始源于中国，至今已有800年以上的历史。

木耳（*Auricularia auricula*）：木耳目木耳科木耳属。新鲜的木耳呈胶质片状，半透明，侧生在树木上，耳片直径5~10厘米，有弹性，腹面平滑下凹，边缘略上卷，背面凸起，并有极细的绒毛，呈黑褐色或茶褐色。

# 五、天文与气象

卷云：细致而分散，具有纤维组织，像羽毛、头发乱丝或马尾，孤悬高空而无云影，日出日落时显现橘红色

或红色。卷云是对流层中最高的云，清晨太阳还没到地平线就已经出现了。

卷层云：是最高最白的一种云幕，当太阳或月亮被遮住时，仍能看到它的轮廓，周围常出现一种晕。凡天空有晕就一定有卷层云，但厚的卷层云则像幕一样拉到天边。

卷积云：这种云很少出现，偶尔会布满全天，渔夫们称之为鲭鱼天，因为天空好像布满了鱼鳞，个体很小，呈白色而无云影，有时呈波浪状。卷积云大都和卷云或卷层云同时出现。

高层云：高层云大都掩蔽全天，逐渐变厚变低时，使人有阴沉之感。当它转变成雨积云之前，常有疏落的雨滴降下。

高积云：高积云的个体比卷积云大，中央有云彩，常连成一片，底部成波浪状，或排成一长列，或交织成棋盘状，式样很多。

层积云：个体比高积云更大，外形较柔和，结构不太明显。如果连成一片，则底部具有波浪形态和明暗相间的灰色阴影。层积云大都像巨大的滚轴，云底以下代表窝流层。高山上常见的云海大都为层积云。

层云：是一种均匀一致的灰白色低云，似雾，但不与地面相接。当它笼罩在半山腰时，边缘有下泻的姿态，到了那里就是浓雾。

雨层云：是典型的坏天气云，黯黑而无定型，很像破布，使天空阴暗，凡属于持久性雨，一定是雨层云中降落。

积云：仿佛是棉花堆，顶不平坦，顶部隆起像土丘、花椰菜或塔状。阳光斜射时，积云的明暗面很明显，如果和阳光在同一方向，中央阴暗，边缘特别明亮。

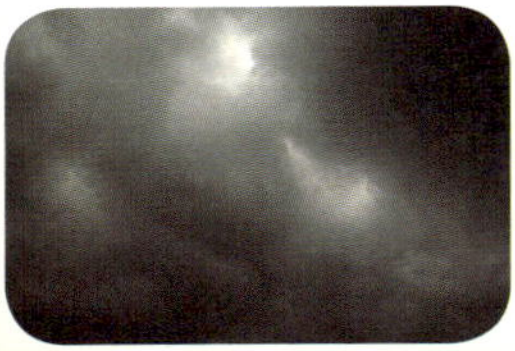

积雨云：是一种最浓厚而庞大的云，垂直伸展极高，底部黯黑，难以分辨，顶部耸起如山岳或高塔，而且常常有铁砧

状的伪卷云，做巨大的羽扇状伸出，积雨云已临天顶时，即将有大雷雨。

## 活动主题：初识星空

时间：3—4 月

户外地点：近郊开阔地域

活动内容：通过星图、平板电脑等工具了解认识星座的基本方法。认识春季星空中的主要星座，如狮子座、室女座、大熊座等。了解恒星星等、星座等基本天文学概念。

科学内容：

星等：星等是描述天体亮度的数值。早年人们将肉眼可见最暗的星定义为 6 等，将最明亮的 20 颗恒星定义为 1 等。之后天文学家又发现 1 等星的亮度为 6 等星的 100 倍。现代星等的概念已经有了更加严格的定义和测量方式。而人在地面上测定的星等与天体本身的发光能力以及距离观测者之间的距离有关。为了实际比较天体之间的亮度，人们又引入了绝对星等的概念，就是将需要比较亮度的天体假设放在一个同等距离的位置上进行比较。

星座：星座是人们为了方便进行星空辨认和研究，人为将星空划分的区域。世界上不同的民族有不同的传统星座体系。古代星座至今也发生了很多的变化。1928 年，国际天文学联合会将星空划分为 88 个星座，涵盖整个天球范围。

上海地区春季可以看到的明亮星座有室女座、狮子座等。

室女座：面积最大的黄道星座，每年9月16日至10月31日，太阳在室女座中运行。面积1294.43平方度，占全天面积的3.318%，在全天88个星座中，面积排行第二位，仅次于长蛇座。室女座中亮于5.5等的恒星有58颗，最亮星为角宿一（室女座 α），视星等为0.98等。

狮子座：黄道星座之一，每年8月10日至9月16日，太阳在狮子座中运行。面积946.96平方度，占全天面积的2.296%，在全天88个星座中，面积排行第十二位。狮子座中亮于5.5等的恒星有52颗，最亮星为轩辕十四，视星等为1.35等。每年3月1日子夜狮子座中心经过上中天。

**准备事项：**星图、平板电脑或智能手机、记录本、笔、三脚架、单反相机或可长时间曝光的手机。

## 学习记录单

根据实际观察，尝试绘制明显星座的星图，标注明显亮星；尝试拍摄星座的照片。

**动手DIY：**

拍摄星座

将照相机安装在三脚架上，使用镜头的广角端，以2.8以上的光圈，将照相机镜头焦距调至无限远位置，选择20秒以上的曝光时间即可拍摄到明显的星座图像。

将照片导入电脑或者平板电脑中，使用图像编辑软件提升照片的亮度及对比度，恒星亮度可以得到进一步提升。

相关场馆链接：上海天文博物馆、上海自然博物馆、上海科技馆

历史故事：

室　女　座

在希腊神话中，室女座是农林女神德墨忒尔（*Demeter*）的化身，也有说是德墨忒尔和她的兄弟宙斯生下的女儿珀耳塞福涅（*Persephone*）的化身。

有一天，珀耳塞福涅外出，冥王哈迪斯乘着黑色马车从地缝里冲出，抓住了她，强行把她带去冥府做冥后。发现女儿不见了，德墨忒尔在大地上四处寻找，仍没有找到，于是祈求在天上的太阳神阿波罗。阿波罗告诉了她珀耳塞福涅的遭遇。德墨忒尔虽然知道了女儿的去处，但是却无法进入冥府。她伤心欲绝，于是诅咒大地，一时间万物凋零，一片肃杀，人间发生了大饥荒。断了人间献祭的众神之王宙斯只好出手调解，许诺德墨忒尔，只要珀耳塞福涅没有吃冥府的食物，她就可以回到大地上。

但是，狡猾的哈迪斯变出一棵挂满香甜诱人果实的石榴树，珀耳塞福涅忍不住摘了颗石榴吃下，因此无法一直在地上生活了。所以，她一年中有6个月在地上陪伴她的母亲农林女神德墨忒尔，女神心生欢喜，这时是万物生长、百果飘香的春季和夏季；还有6个月在地下王国做冥后，这时是万物肃杀的秋季和冬季。

## 活动主题：白云朵朵识天气

时间：3—4 月

户外地点：海边、公园等比较开阔的地带

活动内容：观察 2~3 种高云、中云和低云，观察每一种云的结构、形态、发展方向以及预示可能出现的天气。

科学内容：

云的分类

科学上云的分类最早是由法国博物学家让－巴普蒂斯特·拉马克（Jean Lamarck）于 1801 年提出的。最早将云分类的是英国何华特爵士（Duke Howard）在 1803 年所创议，后来又经过法国雷诺（Renou）和瑞典海特勃兰逊（Hidebrandsson）修订。1929 年，国际气象组织以何华特于 1803 年制定的分类法为基础，按云的形状、组成、形成原因等，把云分为四族十属。中国云图上的分类，按云的底部距地面的高度将云分为低、中、高三级，然后按云的宏观特征、物理结构和成因划分十属二十九类云状。

低云：积云、层云、层积云、积雨云、雨层云

中云：高积云、高层云

高云：卷云、卷积云、卷层云

上海地区春季常见的天气谚语：

早晨下雨当日晴，晚上下雨到天明。

雨打五更，日晒水坑。

南风暖，北风寒，东风潮湿，西风干。

久雨冷风扫，天晴定可靠。

满天乱飞云，雨雪下不停。

天上乌云盖，大雨来得快。

有雨天边亮，无雨顶上光。

喜鹊枝头叫，出门晴天报。

蚊子咬得怪，天气要变坏。

河里浮青苔，必有大雨来。

蚯蚓路上爬，雨水乱如麻，蝼蛄唱歌，天气晴和，

长虫过道，下雨之兆，蛤蟆哇哇叫，大雨就要到。

头发响，风一场。

老牛抬头朝天嗅，雨临头；马嘴朝天，大雨在前。

**准备事项：**云的照片、笔、尺、记录本。

## 学习记录单

**小学阶段：**记录云的形态（块状、层状或絮状）并大致画出形状不同的云。

**初中阶段：**估计云的高度，从云的形态变化判断未来天气。

**高中阶段：**识别不同的云系，并可以对应相关的天气，判断天气系统移动的方向。

**小实验：**

天空中的云是怎么形成的？

材料：冷水 1 杯、剪刀或锥子 1 把、火柴 1 盒、吸管 1 支、橡皮

泥1块、玻璃瓶（带可旋转盖）。

操作：

1. 在瓶子盖上戳个洞，在洞中插入吸管，并用橡皮泥将吸管周围密封。

2. 在瓶子中倒入一些冷水，摇晃均匀，然后把水倒出来。

3. 近瓶口，点燃一根火柴。

4. 吹灭火柴，把冒烟的火柴扔进瓶子中，让烟进入瓶子。

5. 迅速拧紧瓶盖，通过吸管向瓶子中用力吹气。

6. 停止吹气，用手堵住吸管，使空气留在瓶中。

7. 松开吸管，当空气冲出瓶子时，瓶子中就产生了云。

原理：

1. 往瓶子中吹气，增加压力。

2. 松开吸管后气压下降，空气变冷了。

3. 瓶子中的水蒸气附着在烟中的尘粒上，凝结成极小的水滴，许多的小水滴就形成了云。

**相关场馆链接：**上海气象博物馆、上海科技馆、上海浦东气象展览馆

**历史故事：**

著名气象学家托里拆利的故事

托里拆利（Evangelista Torricelli，1608—1647）出生在意大利法恩扎，教皇国的一部分。他像个孤儿一样被爸爸丢弃给叔叔，由他的叔叔从小照顾和教育。托里拆利深入研究了伽利略的《两种新科学的对话》这本书，并从中获得了有关力学原理的很多启发。1641年，托

里拆利出版了《论重物的运动》一书，企图对伽利略的动力学定律作出自己新的结论。伽利略的学生卡斯特利在一次拜访老师时，将托里拆利的论著给他看了，还热情推荐了托里拆利。伽利略看完托里拆利论著之后，表示非常欣赏他的卓越见解，便邀请他前来当助手。

托里拆利来到佛罗伦萨，见了伽利略，此时伽利略已双目失明，终日卧在病床上。在伽利略生命的最后三个月中，托里拆利和他的学生担任了伽利略口述的笔记者，成了他最后的学生。在伽利略于 1642 年 1 月 8 日逝世后，大公斐迪南二世·德·美第奇请托里拆利接任伽利略的数学公爵和比萨大学的数学教授之职。在任期间，托里拆利解决了当时很多重要的数学问题，如寻找摆线的面积和重心，还设计和制作了许多的望远镜和简单的显微镜。

托里拆利的首要发明是水银气压计。当时学术界对空气是否有重量和真空是否存在的问题还认识不清。大家各抒己见，众说纷纭，引起了一场激烈的争论。争论一直持续到帕斯卡的实验成功证实托里拆利的理论后才逐渐统一起来。托里拆利在实验中还发现，不管玻璃管长度如何，也不管玻璃管倾斜程度如何，管内水银柱的垂直高度总是 76 厘米，于是他提出了可以利用水银柱高度来测量大气压，并于 1644 年同维维安尼合作，制成了世界上第一具水银气压计。这个发现使他的名望永存，而真空测量的单位“托”就是用他的名字来命名的。

夏

SUMMER

# 一、节　　气

夏季的时间：5—7 月

立夏：每年的 5 月 5—6 日，这个节气表示夏季开始，万物生长，农事活动也已进入夏季的繁忙季节了。

小满：每年的 5 月 20—21 日，麦类等夏熟作物此时颗粒开始饱满，但未成熟。

芒种：每年的 6 月 5—6 日，“芒”是指谷壳尖端的长毛，这里借指麦类植物种子的成熟，也是耕种最忙的时节，需要及时进行夏收、夏管和夏种了。

夏至：每年的 6 月 21—22 日，日光直射北回归线，出现“日北至，日长之至，日影短至”，故曰“夏至”。这一天北半球白天最长，黑夜最短，表示盛夏就要来临，气温将继续升高。

小暑：每年的 7 月 7—8 日，入暑，标志着我国大部分地区进入炎热季节。

大暑：每年的 7 月 22—23 日，正值中伏前后。这一时期是我国广大地区一年中最炎热的时期，但也有“大暑不热”、雨水偏多的反常年份。

谚语：芒种下雨火烧溪，夏至下雨路泥泞。

小满不下，梅雨较少。

芒种逢雷美亦然，端阳有雨是丰年。

诗词：小荷才露尖尖角，早有蜻蜓立上头。——杨万里《小池》

明月别枝惊鹊，清风半夜鸣蝉。——辛弃疾《西江月·夜行黄沙道中》

仲夏苦夜短，开轩纳微凉。——杜甫《夏夜叹》

接天莲叶无穷碧，映日荷花别样红。——杨万里《晓出净慈寺送林子方》

## 二、植　物

蒲公英（*Taraxacum mongolicum*）：菊科蒲公英属多年生草本，叶成倒卵状披针形，边缘有时具波状齿或羽状深裂，叶柄及主脉常带红紫色，舌状花黄色，边缘花舌片背面具紫红色条纹，花药和柱头暗绿色。瘦果倒卵状披针形，暗褐色，冠毛白色，长约 6 毫米。花期 4—9 月，果期 5—10 月。

荷花玉兰（广玉兰）（*Magnolia grandiflora*）：木兰科木兰属常绿乔木，在原产地高达 30 米。树皮淡褐色或灰色。叶厚革质，椭圆形、长圆状椭圆形或倒卵状椭圆形。花大，白色，状如荷花，芳香，为美丽的庭园绿化观赏树种。花期5—6月。原产北美洲东南部，我国长江流域以南各城市有栽培。

苏铁（铁树）（*Cycas revoluta*）：苏铁科苏铁属植物。树干圆柱形，羽状叶从茎的顶部生出，整个羽状叶的轮廓呈倒卵状狭披针形，羽状裂片达100对以上，条形，厚革质，坚硬。雄球花圆柱形，直立，下面中肋及顶端密生黄褐色或灰黄色长绒毛。大孢子叶密生淡黄色或淡灰黄色绒毛，上部的顶片卵形至长卵形，边缘羽状分裂，胚珠（发育为种子）2~6枚，生于大孢子叶柄的两侧。种子红褐色或橘红色，倒卵圆形或卵圆形。产于福建、台湾、广东，各地常有栽培，栽植于庭园或盆中。生长甚为缓慢，寿命可达200年。

二球悬铃木（法国梧桐）（*Platanus acerifolia*）：悬铃木科悬铃木属植物，落叶大乔木，高30余米，树皮光滑，大片块状脱落；嫩枝密生灰黄色绒毛。叶阔卵形，上下两面嫩时有灰黄色毛被，下面的毛被更厚而密。基部截形或微心形，上部掌状5裂，有时7裂或3裂，果枝有头状果序1~2个，少数为3个，常下垂。

葫芦藓（*Funaria hygrometrica*）：苔藓类植物，用孢子繁殖。植物体矮小，只有1~3厘米，有茎和叶的分化，茎的基部有单列细胞构成的假根，起固着植物体的作用，没有真正的根。叶又小又薄，无叶脉，呈卵形或舌形。葫芦藓一般分布在阴湿的泥地、林下或树干下。

## 活动主题：放飞蒲公英

时间：5—7月

户外地点：植物园和公园林下、路边等地

活动内容：通过观察蒲公英的植株形态，能够基本识别蒲公英；识别蒲公英的花序，了解单花和花序的含义及区别；观察蒲公英的果实和种子特征，并试着放飞蒲公英种子，带着自己的梦想飞翔；查阅资料，了解种子靠风传播的植物还有哪些。

科学内容：

花序形态：花葶1至数个，从植株中间伸出，高15~20厘米，直立、中空，上部紫红色，密被蛛丝状白色长柔毛；头状花序单生花葶顶端，直径约3~4厘米，总苞片数层，外层总苞片短于内层总苞片；花序托平坦；整个花序全为舌状花，两性、结实。

花形态结构：舌状花，黄色，先端截平，具5齿，边缘花舌片背面常具暗色条纹；雄蕊5，花药聚合，花丝离生；花柱细长，伸出聚药雄蕊外，柱头2裂。花期4—9月。

果实形态结构：聚花果，为白色冠毛结成的绒球，由无数个不开裂的瘦果构成，每一枚瘦果纺锤形或倒锥形，有纵沟，果体上部有瘤状凸起，上端缢缩为圆柱形的喙基，喙细长，顶端具白色冠毛，易脱落。随风飘到新的地方孕育新生命。果期5—10月。

准备事项：笔、尺、记录本、《上海植物图鉴》（提前查阅）。

## 学习记录单

小学阶段：在室外找到蒲公英，通过仔细观察，采用画图或文字形式大致记录下来。

初中阶段：在室外找到蒲公英，通过仔细观察和测量，采用画图或文字形式记录它的主要特征，注意大致比例。

高中阶段：在室外找到至少3株蒲公英，通过仔细观察和测量，采用文字记录它们的主要特征，测量3次，取平均值。

| 观察部位 | 主要特征 | 测量值 | 备注 |
|---|---|---|---|
| 植株 | | 植株高度： | |
| 花序 | | 花葶高度： | |
| 单花 | | 舌片长度： | |
| 果序 | | 聚花果直径： | |
| 种子 | | 冠毛长度： | |

动手DIY：

标本制作：采挖一株完整植株，洗净，从中间纵剖，留下一半（带花或果），放在吸水纸上展平，风干；上台纸（用快干胶固定，用针线或枝条加固 2~3 处)；填写采集签(包括采集人、采集地点、采集日期)和鉴定签(包括科、属、种的中文名和拉丁学名，鉴定人，鉴定日期等)。

种子标本制作：将成熟的蒲公英聚花果采下来，摘下每一个带冠毛的种子，摆成一定形状，在塑封膜上固定，并用塑封机塑封。

蒲公英种子放飞：用力吹蒲公英的成熟聚花果或种子，仔细观察和分析蒲公英种子飞行原理。

相关场馆链接：上海辰山植物园、上海植物园

历史故事：

蒲公英有着充满朝气的黄色花朵，有着翩翩飞舞的美丽身姿，它们的花语是开朗，代表着寻找更生动的爱。大约在 3000 万年前，蒲公英就已经在欧亚大陆繁衍开来，最早被用作食物，后来被当作药材，在医学中广泛应用。蒲公英的英文名“dandelion”，法语中意味着“狮子的牙齿”，因为它具有锯齿状的叶片。

## 活动主题：探秘荷叶效应

时间：5—7 月

户外地点：上海市各公园湖泊、池塘处

活动内容：寻找自然界具有荷叶效应的植物，通过一系列对比小实验，了解荷叶等植物叶片具有超疏水性和自清洁性的内部机制，揭秘文学作品背后的科学奥秘，思考荷叶效应带来的启示。

科学内容：

荷叶效应，也称莲花效应，主要是指荷叶表面具有超疏水以及自

清洁的特性。疏水性又称憎水性，是指非极性分子对水无亲和力的特性。疏水性分子较易溶解在中性和非极性溶液（如有机溶剂）里，在水里通常会聚成一团。像脂肪、蜡，都是众所周知的疏水性的物质。水在疏水性溶液的表面时，会形成一个很大的接触角而呈水滴状。

荷之所以“出淤泥而不染”，是缘于其所独具的“荷叶效应”。水滴落在荷叶上会形成近似圆球形、银色的水珠，并且在荷叶表面滚来滚去而不浸润荷叶，形成“大珠小珠落玉盘”的景象。水珠在滚离荷叶时还能把落在叶面上的尘土、污泥粘吸带走，使叶面始终保持干净。自然界很多植物的叶子表面同样存在类似的自清洁功能。

准备事项：一次性手套、塑料袋、滴管、笔、剪刀、记录本、胡椒粉。

## 学习记录单

小学阶段：采集包括荷叶在内的5种叶片，用滴管滴水检测它们是否有荷叶效应，将信息记录到以下表格中。

| 实验记录 | | |
|---|---|---|
| 叶片名称 | 是否具有荷叶效应 | |
| | 是 | 否 |
| 1. 美人蕉 | | |

（续表）

| 实验记录 | | |
|---|---|---|
| 叶片名称 | 是否具有荷叶效应 | |
| | 是 | 否 |
| 2. 桂花 | | |
| 3. 荷花 | | |
| 4. 玉兰 | | |
| 5. 甘蓝 | | |

初中阶段：采集包括荷叶在内的5种叶片，将一小撮胡椒粉洒在叶片表面，然后再滴上几滴水，轻轻晃动叶片，让水滴在叶片表面慢慢滚动，观察哪些叶片表面有自清洁性。

| 实验记录 | | |
|---|---|---|
| 叶片名称 | 胡椒粉是否被清除干净 | |
| | 是 | 否 |
| 1. 美人蕉 | | |
| 2. 桂花 | | |
| 3. 荷花 | | |
| 4. 玉兰 | | |
| 5. 甘蓝 | | |

思考：荷叶自清洁性有什么作用？

高中阶段：完成荷叶效应和自清洁性两个实验，并探究哪些方式会破坏荷叶效应？试着说明理由。

动手 DIY：

制作干荷叶

（1）农历八月左右开始采摘新鲜的荷叶，并将荷叶清洗干净；

（2）将洗净的荷叶轻微蒸制，保持颜色；

（3）将蒸过的荷叶彻底晒干，作为荷叶茶储存起来。

检测：做成干荷叶后，是否还具有荷叶效应？为什么？

相关场馆链接：上海自然博物馆、上海植物园、上海辰山植物园

## 三、动　物

威廉环毛蚓（*Pheretima guillelmi*）：钜蚓科环毛蚓属环节动物，一般长 90~250 毫米，背面青黄、灰绿或灰青色，背中线青灰色。喜阴暗潮湿、空气流通、氧气充足的环境，怕强光、干燥和高温缺氧。食性杂，腐物有机质都可利用。雌雄同体，异体受精。

黑蚱蝉（*Cryptotympana atrata*）：半翅目蝉科蚱蝉属昆虫，体长约为 40 毫米，全身漆黑，翅透明，口器如同一根吸管，专门吸取植物的汁液。除了有两只黑色的复眼外，还有 3 只红色透明的小眼。雄性的腹部有发音器，也称

"响板"，其鸣声即由此发出，腹部常空，如同两只巨大的音箱。雌虫无发音器，故被称为"哑板"，产卵管长矛形。

红蜻（*Crocothemis servilia*）：蜻蜓目蜻科红蜻属昆虫，成虫体长 50 毫米，展翅 70 毫米左右，体态纤细，头部较大圆形，能左右转动。复眼特别发达，相互接近。头部的上方还有 3 只单眼和两根刚毛状的触角，雄虫红色，雌虫腹部黄色。翅透明，密布网状的翅脉，有翅痣，后翅比前翅宽，腹部细长，雄性的腹端长有一对尾钳。稚虫生活在水中。

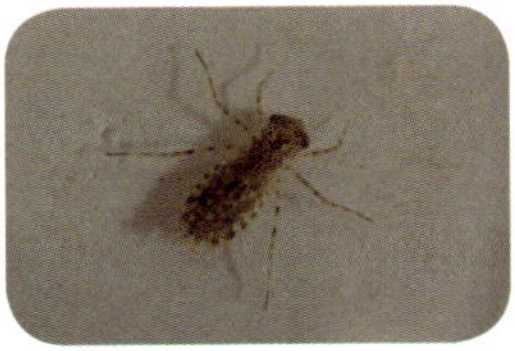

美洲大蠊（*Periplaneta americana*）：蜚蠊目蜚蠊科大蠊属昆虫，别名蟑螂，成虫体长 30 毫米左右，红褐色，胸部黄褐色，有黑色斑。触角很长，呈丝状；有复眼，单眼 2 个。足长，多刺，跗节 5 节。全国都有分布。

德国小蠊（*Blattella germanica*）：蜚蠊目蜚蠊科小蠊属昆虫，成虫体长 12 毫米左右，背腹扁平呈椭圆形，棕黄色，胸板有两条黑色纵纹。有咀嚼式口器，一对发

达的复眼，一对小而不发达的单眼。翅 2 对，但很少飞翔；有 3 对形状相同的爬行足，善于疾走。全国都有分布。

丝光绿蝇（*Lucilia sericata*）：双翅目丽蝇科绿蝇属昆虫，体长 7 毫米左右，金绿色，有光泽。多出现在住宅周围，雌性喜欢在伤口和尸体上产卵。蝇蛆可以帮助医生清理伤口，并加速伤口愈合。

丽绿刺蛾（*Parasa lepida*）：鳞翅目刺蛾科绿刺蛾属昆虫，成虫翅展 35 毫米左右，鲜绿色。幼虫黄绿色，背面有蓝色纵纹，毛刺长。危害悬铃木、珊瑚树、樟、茶、桑等多种植物。

白纹伊蚊（*Aedes albopictus*）：双翅目蚊科伊蚊属昆虫，也称花脚蚊子，成虫体长 4 毫米左右，胸部褐色有白色的纵纹，腹部黑白相间，足上有白环。触角有环毛，雄虫触角羽毛状，口器刺吸式，前翅狭长，后翅退化成平衡棍，3 对足细长。成虫多在黄昏和夜间活动，幼虫则生活在水中，也称“孑孓”，羽化时漂浮水面。羽化后雌性要吸血后才能产卵，卵产在水中。

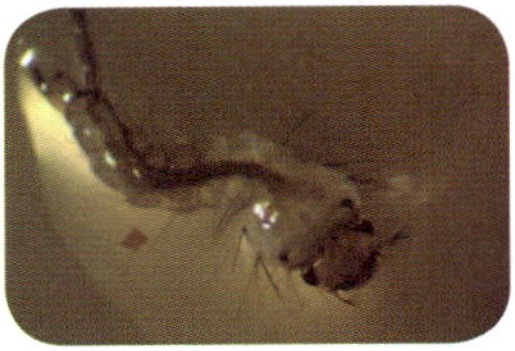

**双叉犀金龟**（*Allomyrina dichotoma*）：鞘翅目犀金龟科叉犀金龟属昆虫，体长30~60毫米，全身赤褐色，雄性头部长有一个向上弯曲的分叉的角，胸部中央有一个略微向下弯曲的小角，顶端也是分叉。雌性头部和胸部都没有角。

**铜绿丽金龟**（*Anomala corpulenta*）：鞘翅目金龟子科丽金龟属昆虫，幼虫乳白色，头部褐色。成虫体长25毫米左右，全身铜绿色。身体坚硬，头较小，触角端部几节向前延伸呈鳃片状，胸部大，前翅为鞘翅，后翅发达善于飞行，前足小腿上有齿。

**白星花金龟**（*Protaetia brevitarsis*）：鞘翅目花金龟科星花金龟属昆虫，幼虫乳白色，头部褐色，体背各节均有刚毛。体长

20毫米左右，有古铜或青铜色光泽，体表散布众多不规则白绒斑。

七星瓢虫（*Coccinella septempunctata*）：鞘翅目瓢虫科瓢虫属昆虫。幼虫体表有一层较坚硬的皮，共蜕3次皮。成虫体长6毫米左右，身体卵圆形，头部黑色，胸部黑色，前角有两个黄色斑，鞘翅红色或橙黄色，每个鞘翅有3个半黑色圆斑，靠近胸部中央的半个黑色斑合成一个黑色大圆斑，因此称为七星瓢虫。

星天牛（*Anoplophora chinensis*）：鞘翅目天牛科星天牛属昆虫，体长19~40毫米，黑色带白斑，有光泽。触角黑白相间，触角很长，分成许多节。因为触角着生位置的影响，所以复眼为肾形，复眼发达。鞘翅基部有小凸点。幼虫食橘、苹果、梨等果树。

米象（*Sitophilus oryzae*）：鞘翅目象甲科米象甲属昆虫，体小，约5毫米，深褐色，鞘翅上有淡色花纹，身体表面粗糙，头部向前延伸成喙。多见于粮库和家居中的米缸内。

麻皮蝽（*Erthesina fullo*）：半翅目蝽科麻皮蝽属昆虫，成虫体长 20 毫米左右，体背黑褐色，散布有杂乱的白色小点，从头部中间开始有条白色的纵纹一直延伸到身体中间，腿上有白斑，能散发臭味。成虫和若虫均吸食多种植物汁液。

白斑蛾蠓（*Telmatoscopus albipunctatus*）：双翅目蛾蠓科昆虫，成虫体长 3 毫米左右，灰褐色，身体形状似蛾，触角有毛，身体有鳞毛，翅宽，翅面有不明显的白色细小斑点，中间有两个分开的黑色斑点，翅退化。我国长江以南都有分布。生活在居家环境中或户外水沟处，羽化后的成虫大多就近停在墙壁上。

果蝇（*Drosophila melanogaster*）：双翅目果蝇科果蝇属昆虫，成虫体长 2 毫米左右，雄性比雌性体型小，黄褐色。成虫喜欢腐烂的发酵味，幼虫以腐败物中的酵母为食。果蝇是遗传学研究的常用材料，它繁殖快，周期短，容易人工饲养。

咖啡透翅天蛾(*Cephonodes hylas*)：鳞翅目天蛾科透翅天蛾属昆虫，体型较大，尾部尖，触角末端钩状，前翅狭长。成虫翅展 50 毫米左右，身体黄绿色，腹部中间有宽的褐色环纹，翅透明。危害栀子、咖啡等植物。

小家蚁(*Monomorium pharaonis*)：膜翅目蚁科小家蚁属昆虫，体小，3~5 毫米，有黑色、褐色、黄色和红色等颜色。口器咀嚼式，上颚(牙)发达，触角为弯曲的膝状。蚂蚁群体中有工蚁、兵蚁、雄蚁、雌蚁之分。

黄边胡蜂(*Vespa crabro*)：膜翅目胡蜂科胡蜂属昆虫，成虫体长 25 毫米，头部和胸部两边黄色，胸部中间褐色，腹部前半段褐色，后半段黄色，中间有褐色条纹。复眼中间凹入，呈肾形，上颚(牙)发达，前后翅透明，有毒针。以捕食小昆虫等为生。蜂巢受震动后，会群起而攻击对方，尾部的毒针有毒，有时能致人死命。

普通卷甲虫(*Armadillidium vulgare*)：等足目卷甲虫科卷甲虫属，也称西瓜虫。长约 7 毫米，宽约 5 毫米。背隆起，平滑，腹向内陷。体灰白色，有光泽。由多数近于平行的环节构成，身体可以卷曲成球形。多栖息于枯枝腐叶间或石块下，喜阴暗潮湿的环境，有时也出现在房屋、庭院内。水边及海边石下也较多。杂食性，主要摄食植物细根、嫩叶以及小型无脊椎动物的尸体。

无齿螳臂相手蟹（*Chiromantes dehaani*）：十足目相手蟹科螳臂相手蟹属动物。淡水产小型蟹类，形似小螃蟹。头胸甲呈四方形。雄性个体的螯足较雌性个体的螯足更大，长节背缘近末端处具一刺，步足密具长、短不等的硬刚毛。雄性腹部呈宽三角形，雌性腹部呈圆形。主要穴居于江河口岸滩、沟渠等处的洞穴中或靠近大海的滩涂湿地，常隐藏于石块间或掘洞而居，晨昏或夜晚是它们活动的时间。螃蜞喜食腐殖质，也用螯足钳断稻叶吸取液汁，钻洞能力很强，行走速度快。

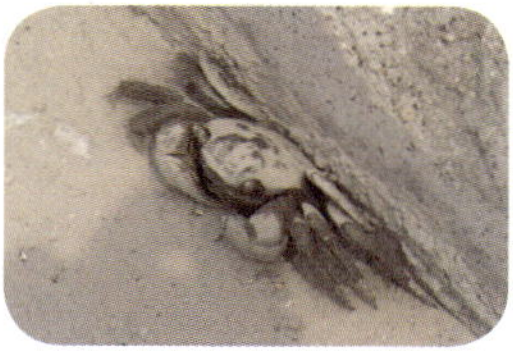

灰巴蜗牛（*Bradybaena ravida*）：柄眼目巴蜗牛科软体动物。头部具有触角两对，大的一对顶端有眼。头的腹面有口，口内具有齿舌，可用以刮取食物。

腹足扁平宽大，足底有腺体，爬动时能分泌黏液。壳质稍厚，坚固，呈圆球形。壳高 19 毫米、宽 21 毫米，顶部几个螺层增长缓慢，略膨胀，体螺层急骤增长、膨大。壳面黄褐色或琥珀色，并具有细致而稠密的生长线和螺纹。壳顶尖，壳口呈椭圆形，口缘完整。喜栖息在植株茂密低洼潮湿处，白天潜伏，傍晚或清晨取食，遇有阴雨天多整天栖息在植株上。

鳙鱼（*Hypophthalmichthys nobilis*）：鲤形目鲤科鳙属鱼类动物，又称花鲢、胖头鱼，成体一般体长 0.6~1.4 米。体型侧扁。头部较大而且宽，口宽，且稍微上翘。背部及体侧上半部微黑，有许多不规则的黑色斑点；腹部灰白色。以浮游动物为食。中国特有种类，“四大家鱼”之一。

鲫鱼（*Carassius auratus*）：鲤形目鲤科鲫属鱼类动物。全长约 30 厘米左右。体型侧扁。头短小，吻圆钝。体背灰黑色，腹部银白色。主要以植物为食的杂食性鱼，喜群集而行，择食而居。多产于黄河流域、长江流域、珠江流域一带。鲫鱼经过人工养殖和选育，可以产生许多新品种，著名的金鱼就是由此产生的一种观赏鱼类。

中华大蟾蜍（*Bufo gargarizans*）：无尾目蟾蜍科蟾蜍属动物，又称癞蛤蟆。成体体长 90~110 毫米。皮肤粗糙，背部布满大小不等的圆形瘰粒，具有长圆形的耳后腺。雄性背面墨绿色或褐绿色，雌性呈土褐色，腹面具有黄、棕、黑色的花斑。除了冬眠及繁殖期外，一般在陆地上生活，栖息于草地、林下、水沟、石洞等潮湿的环境。捕食各种昆虫及无脊椎动物。

赤链蛇（*Lycodon rufozonatus*）：有鳞目游蛇科白环蛇属动物，俗称“火赤练”，无毒蛇。全长约 1~1.5 米，体背黑褐色。因具有 60 条以上的红色窄横纹而得名。栖息于丘陵、山地、平原、田野村舍及水域附近。食性较广，蛙类、鱼类、蜥蜴类、鼠类、鸟类等均能捕食。性情较为凶猛，野生个体被捕捉时会乱咬，但一般不会主动攻击人类。卵生繁殖，繁殖期 5—8 月。

白鹡鸰（*Motacilla alba*）：雀形目鹡鸰科鹡鸰属鸟。体形修长，黑白两色，在地面时为两脚行走，而不似麻雀那样跳跃行进，且尾巴不停地上下晃动。在飞行时，其飞行路线呈波浪式前进，并不断发出“叽叽、叽叽”的叫声，多在水边的陆地上活动，以昆虫为食。

棕头鸦雀（*Paradoxornis webbianus*）：雀形目莺鹛科鸦雀属鸟。长约 12 厘米。头顶至上背棕红色，上体余部橄榄褐色，翅红棕色，尾暗褐色。喉、胸粉红色，下体余部淡黄褐色。常栖息于中海拔的灌丛及林缘地带，为较常见的留鸟。

家燕（*Hirundo rustica*）：雀形目燕科燕属鸟。每年春天从南方飞来繁殖后代，秋天又飞回南方越冬。头顶、颈背部至尾上覆羽带有金属光泽的蓝黑色，颏、喉、上胸棕栗色，下胸、腹部及尾下覆羽浅灰白色。常栖息于人类居住的环境，主要以昆虫为食。

大杜鹃（*Cuculus canorus bakeri*）：鹃形目杜鹃科杜鹃属鸟，又称布谷鸟。体长约 32 厘米，雄鸟上体纯暗灰色；两翅暗褐，翅缘白而杂以褐斑；尾黑，先端缀白；中央尾羽沿着羽干的两侧有白色细点；颏、喉、上胸及头和颈等的两侧均浅灰色，下体余部白色，杂以黑褐色横斑。雌雄外形相似，但雌鸟上体灰色沾褐，胸呈棕色。栖息于开阔林地，特别在近水的地方。取食昆虫、蜘蛛、螺类等。

## 活动主题：雨后寻踪

时间：6—8月

户外地点：上海市各公园绿地阴暗潮湿处，树林、花坛落叶多的地方

活动内容：采集并观察蚯蚓和蜗牛，观察它们的身体结构、生存环境有何特点。通过实验，探究蜗牛壳左右旋的比例以及蜗牛触角的感知方式。

科学内容：

蚯蚓：蚯蚓是杂食性动物。以摄取植物的茎叶、真菌，土壤中的腐殖质、动物粪便等为食。喜居在潮湿、疏松而富于有机物的泥土中，一般分布在土壤表层，具有避强光、趋弱光的特点。喜昼伏夜出，一般夏秋季晚上8点到次日凌晨4点出外活动。蚯蚓能够对许多决定土壤肥力的过程产生重要影响，被称为“生态系统工程师”。

蜗牛：蜗牛是牙齿最多的动物，蜗牛的齿舌上生有无数细小而整齐的角质牙齿，最多有135排，大概每一排的数量在105颗左右，但这些“牙齿”并不能用于咀嚼，而是碾碎食物以便消化。蜗牛的壳一般呈低圆锥形，右旋或左旋。（螺旋方向的定义：将螺塔顶朝上，螺开口朝向观察者自己，如果螺的开口位于右侧，则判断螺旋方向为右旋，反之则为左旋。）

准备事项：园艺铲、笔、尺、记录本。

## 学习记录单

小学阶段：观察蚯蚓和蜗牛，将信息记录到以下表格中。

| 采集时间 | 采集地点 | 采集环境 |
| --- | --- | --- |
| | | |
| 动物画像： | | |

初中阶段：观察蜗牛壳的具体形态特征，判断蜗牛壳的旋转方向，并调查左旋和右旋两种方向的分布比例。

高中阶段：观察蜗牛壳的具体形态特征，判断蜗牛壳的旋转方向，并调查左旋和右旋两种方向的分布比例；通过实验判断蜗牛触角的感知方式。

动手 DIY：

探究蜗牛的感觉实验

（1）观察蜗牛的形态，推测蜗牛的感知器官是什么。

（2）按照以下表格完成实验。

| 探究任务 | 实验内容 | 现象记录 | 分析结论 |
| --- | --- | --- | --- |
| 蜗牛是否有视觉 | 用书本挡住部分灯光，将蜗牛分别放在明亮处、遮阴处和明暗交界处，观察蜗牛爬行的行为差异 | | |

（续表）

| 探究任务 | 实验内容 | 现象记录 | 分析结论 |
| --- | --- | --- | --- |
| 蜗牛是否有触觉 | 用牙签分别轻触蜗牛的触角、头部、壳、腹足，观察蜗牛的反应 | | |
| 蜗牛是否有嗅觉 | 将两团脱脂棉分别沾水和白醋，相隔20厘米放置在桌面上，将蜗牛放置在中间，观察蜗牛的爬行方向；将两个棉团位置调换，观察蜗牛爬行方向是否变化 | | |

（3）尝试自己设计实验，探测蜗牛是否具有味觉、听觉等。

相关场馆链接：上海自然博物馆、上海植物园、上海辰山植物园

小故事：

为什么左旋壳的蜗牛比右旋的要少？

你在野外捕捉蜗牛时，是否发现背着左旋壳的蜗牛远远少于背着右旋壳的蜗牛呢？事实上不仅仅是蜗牛，据科学家统计，在包括水生和陆生的所有腹足纲（螺类）动物中，带有左旋螺壳的物种仅占3.7%左右。

原因可能与蜗牛的繁殖方式有关。蜗牛的繁殖方式属于雌雄同体，异体受精，只有在螺壳的旋转方向一致时，两只蜗牛才能完成交配，产下后代。这意味着在右旋壳的蜗牛占多数的环境中，即使有蜗牛发生突变，长出左旋的螺壳，它也很难找到同样发生突变的左旋壳的蜗牛进行交配，将左旋基因传承下去。

## 活动主题：寻找湿地的横行将军

时间：3—11 月（每年立冬之前，春节之后）

户外活动地点：东滩湿地

活动内容：了解螃蜞的生长环境、外观形状、主要分布地区。

科学内容：捉螃蜞最好是夜间用灯光照，出窝的螃蜞见了灯光便一动不动，即使惊动了，也寻不着洞口，这时准会被捉个正着。而照螃蜞的最佳时机，是在夏季天气比较闷热、要下雨的夜晚，这时大气气压很低，洞穴中溶氧量减少，螃蜞因缺氧难受，一个个爬出洞穴外呼吸新鲜空气。

准备事项：纸、笔、芦苇秆、手电筒、水桶。

## 学习记录单

了解螃蜞的形态特征、喜好。

动手 DIY：

钓螃蜞，找到螃蜞的洞穴，把芦苇秆放在洞的上方，等待螃蜞顺着杆子爬上来，再将螃蜞放入桶内。

相关场馆链接：东滩湿地公园

# 四、天文与气象

银河系：银河系是一个由包括太阳在内超过一千亿颗恒星所组成的巨大棒旋星系。其直径超过 10 万光年，中心部分向外凸起聚集了大量的恒星，其最核心可能存在一个超大质量黑洞。

我们地球所在的太阳系在距离银河系中心约 2.6 万光年的地方。我们在夏季看到的银河实际上就是朝向银河核心的方向。在这个方向上恒星相对比较密集，因此呈现出一条白色飘带的形状。而在冬季，我们的夜空对应的是银河系边缘的方向，这个方向恒星相对比较稀疏，也就难以看到很明显的银河了。但通过照相的方法进行观察，我们可以看到在猎户座、仙后座和英仙座一线还是有大量恒星聚集的恒星结构。银河系还有多个伴星系，最著名的当属大麦哲伦星系和小麦哲伦星系。当我们 11 月前后到南半球旅游的时候，就可以很清晰地在夜空中找到这两个伴星系。太阳围绕银河系公转一周的时间约 2.5 亿年。

**光年：**光年是天文学上常见的距离单位。其定义为光在真空中一年中所能穿越的距离。1 光年约为 $9.46\times10^{12}$ 千米，也就是 9.46 兆千米。这个距离如果以民航飞机的速度来飞，需要一百多万年。除太阳外，距离我们的比邻星与我们之间的距离约为 4.2 光年。因此，即便使用宇宙飞船以每秒数十千米的速度飞过去，恐怕也要万余年的时间。

光年常常用于计算银河系中天体之间的距离。在天文学上，还有两个距离单位是常用的。一个是“秒差距”，1 秒差距的距离约为 3.26 光年。在进行星系之类大尺度天文学研究时，天文学家经常会使用“秒差距”这一单位来进行计算。另一个常用的距离单位是“天文单位”，1 天文单位约为 1.5 亿千米，也就是太阳与地球之间的平均距离。在进行太阳系以内天体的研究时，天文学家经常用“天文单位”来表述。

**飑线：**飑线是指范围小、生命史短、气压和风发生突变的狭窄强对流天气带。沿着飑线可出现雷暴、暴雨、大风、冰雹和龙卷风等剧烈的天气现象。飑线主要发生在炎热的季节里，发生之前多属晴热天气，气温较高，风力微弱，风向杂乱，空气温度高，天气闷热，具备雷雨条件，且多发生在下午至晚上。

**龙卷风：**龙卷风是在强烈不稳定天气条件下产生的一种小范围的空气涡旋，大小不一，但形状一般都呈上大下小的漏斗状，中心风力可达 50~150 米 / 秒，

直径一般在几米到数百米之间。龙卷风生成和消失都非常迅速，常与雷暴、冰雹和暴雨等强对流天气系统相伴出现，破坏力极强。龙卷风分为陆龙卷和水龙卷（又叫海龙卷），简单来说，出现在陆地上的龙卷就是陆龙卷，在水面上的就是水龙卷。

冰雹：也叫“雹”，是从对流云中降落的，由透明和不透明冰粒相间组成的固态降水，外形呈球形、圆锥形或不规则形，直径一般为 5~50 毫米，大的可超过 10 厘米。冰雹大多出现在冷暖空气交汇激烈的 2—5 月，也可能在盛夏强烈而持久的雷暴中降落。

雷暴：雷暴是由旺盛的积雨云所引起的，伴有闪电、雷鸣和强阵雨的局地风暴，同时指产生这种天气现象的天气系统。根据雷暴云的结构，雷暴可分为一般雷暴和强雷暴。一般雷暴是伴有阵雨的雷暴，强雷暴指伴有雷雨、大风、冰雹、龙卷等严重灾害性天气现象之一的雷暴。

## 活动主题：银河和银河系

时间：5—7 月

户外地点：远郊开阔地域

活动内容：通过辨别星空中的银河轮廓，熟悉夏季大三角、心宿二等夏季亮星；充分利用电子星图了解不同恒星的颜色与其物理特性。

科学内容：

上海地区夏季可以看到的明亮星座

天琴座：天琴座是北天银河中最灿烂的星座之一，因形状犹如古希腊的竖琴而命名。虽然天琴座面积不大，但很好辨认。“夏季大三角”中的织女星便在其中。织女星是天琴座中最为明亮的一颗恒星，亮度达到 0 等。织女星本身的亮度比太阳要明亮得多，其表面温度达到 9000 度，因此呈现蓝白色光芒。

天蝎座：天蝎座虽然是黄道星座之一，但黄道只有很少的一部分穿越天蝎座。而太阳在每年的 11 月 23 日至 30 日这几天中穿越天蝎座，这使得天蝎座作为黄道星座显得有些名不副实。天蝎座的面积也算不上大，但在每年的七八月间，太阳落山后，我们便可以在南方低空找到这个非常形象的星座。天蝎座虽然面积不大，但由于其靠近银河的中心部位，因此明亮的恒星不少。其中最为明亮的当属位于蝎子胸部的“心宿二”，中国古代称其为“大火”。心宿二是一颗红超巨星，其亮度为 1 等星，距离我们约 550 光年，半径达到太阳半径的 880 多倍，而其表面温度仅为3000多度，比太阳表面的5000度要“凉爽”不少。也正因为此，其呈现淡淡的红色，使得我们在夏季的星空之中一眼便可观察到它。

夏季大三角：夏季大三角并不是一个星座，而是由天琴座的“织女星”、天鹰座的“牛郎星”以及天鹅座的“天津四”三颗亮星为三个顶点组成的巨大三角形。这个巨大的三角形横跨银河两岸，非常容易辨认。

**准备事项：**星图、平板电脑或智能手机、记录本、笔。

## 学习记录单

根据实际观察，尝试绘制银河在天空中的走向，并标注明显亮星以及其所在的星座。

**动手 DIY：**

记录亮星的颜色，在观察过程中，分别记录织女星、牛郎星、天津四以及心宿二等明亮恒星的颜色。有条件的可以使用照相机进行拍摄；通过电子星图或网上搜索引擎查找相关恒星的温度，找到恒星温度与其颜色的关系。

**相关场馆链接：**上海天文博物馆、上海自然博物馆、上海科技馆

**历史故事：**

科学家对织女星的研究过程

织女星是人类最早进行研究的恒星之一。早在 1840 年的夏季，美国哈佛大学的两位天文学家乔治·菲利普斯·邦德（George Phillips Bond）和约翰·亚当斯·惠普尔（John Adams Whipple）就对织女星进行了拍照。这也是人类第一次对除太阳以外的恒星进行照相研究。1872 年 8 月，另一位天文学家亨利·德雷伯（Henry Draper）拍摄了织女星的光谱。这也是人类历史上第一次获得太阳以外的恒星光谱。而光谱对于分析天体的物理化学性质有着非常重要的作用。由于织女星的亮度几近于 0 等，因此很长一段时间，人们将织女星当成恒星亮度测定的标准星。1979 年，天文学家又通过 X 射线望远镜发现织女星也会发出 X 射线。随后，人们发现织女星也拥有尘埃盘。随着技术的不断发展，人们对织女星的研究也越来越深入。目前，有多个研究团队正在对织女星是否存在行星系统进行研究。有迹象表明，织女星可能存在类似于海王星大小的行星，但这种推论尚未得到直接证据的有效证实。

## 活动主题：强对流天气的观测和防御

时间：5—7月

户外地点：海边、公园等比较开阔的地带

活动内容：观察2~3种强对流天气，了解它们的结构、形态、发展方向以及防御指引。

科学内容：强对流天气指的是发生突然、天气剧烈、破坏力极强，常伴有雷雨、大风、冰雹、龙卷风、局部强降雨等强烈对流性天气，是具有重大杀伤性的灾害性天气之一。强对流天气发生于中小尺度天气系统，空间尺度小，一般水平范围大约在十几千米至两三百千米，有的水平范围只有几十米至十几千米。其生命史短暂并带有明显的突发性，约为一小时至十几小时，较短的仅有几分钟至一小时。

准备事项：照相机（拍摄闪电和风暴）、笔、尺、记录本。

## 学习记录单

小学阶段：记录雷电出现和持续的时间，描述天气变化的形态。

初中阶段：识别不同种类的强对流天气，并了解如何防御。

高中阶段：了解强对流天气的结构和物理形态，并判断强对流天气发展过程。

小实验：

为雷电测距离

（1）以看到闪电为准开始计时；

（2）在听到雷声停止计时，要操作准确；

（3）让我们算一算，声速是每秒 340 米，乘以计时的数字，就知道雷电发生的地方与我们的距离了。

科学原理：出现雷电时，闪电和打雷其实是同时发生的。我们之所以会先看到闪电，后听见打雷，是因为光的传播速度要比声音的传播速度快。常温下，光的传播速度是 30 万千米 / 秒，而声音是 340 米 / 秒。雷电在天空某处发生时，以闪电为开始标志，测出那之后的雷声“走”了多长时间到我们耳边，通过计算就可以算出距离了。

相关场馆连接：上海气象博物馆、上海科技馆、上海浦东气象展览馆

历史故事：

雷电实验

1752 年 6 月的一天，阴云密布，电闪雷鸣，一场暴风雨就要来临了。富兰克林（Benjamin Franklin）和他的儿子威廉（William Franklin）一道，带着装有一个金属杆的风筝来到空旷地带。富兰克林高举起风筝，他的儿子则拉着风筝线飞跑。由于风大，风筝很快就被放上高空。刹那，雷电交加，大雨倾盆。富兰克林和威廉一道拉着风筝线，焦急地期待着，此时，刚好一道闪电从风筝上掠过，富兰克林用手靠近风筝上的铁丝，立即掠过一种恐怖的麻木感。他抑制不住内心的激动，大声呼喊：“威廉，我被电击了！”随后，他又将风筝线上的电引入莱顿瓶中。回到家里以后，富兰克林用雷电进行了各种电学实验，证明了天上的雷电与人工摩擦产生的电具有

完全相同的性质。富兰克林关于天上和人间的电是同一种东西的假说，在他自己的这次实验中得到了证实。

风筝实验的成功使富兰克林在全世界科学界名声大振。英国皇家学会给他送来了金质奖章，聘请他担任皇家学会的会员；他的科学著作也被译成了多种语言；他的电学研究取得了初步的胜利。在荣誉和胜利面前，富兰克林没有停止对电学的进一步研究。

1753 年，俄国著名电学家利赫曼（Richmann）为了验证富兰克林的实验，不幸被雷电击中死亡，这是做雷电实验的第一个牺牲者。血的代价，使许多人对雷电实验产生了戒心和恐惧。但富兰克林在死亡的威胁面前没有退缩，经过多次试验，他制成了一根实用的避雷针。他把几米长的铁杆，用绝缘材料固定在屋顶，杆上紧拴着一根粗导线，一直通到地里。当雷电袭击房子的时候，它就沿着金属杆通过导线直达大地，而房屋建筑完好无损。

1754 年，避雷针开始应用，但有些人认为这是个不祥的东西，违反天意会带来旱灾，就在夜里偷偷地把大教堂的避雷针拆了。然而，科学终将战胜愚昧。一场挟有雷电的狂风过后，大教堂着火了，而装有避雷针的高层房屋却平安无事。事实教育了人们，使人们相信了科学。避雷针相继传到英国、德国、法国，最后普及到世界各地。

# 秋

# AUTUMN

# 一、节　气

**秋季的时间：**8—10 月

**立秋：**每年的 8 月 7—8 日，炎热的夏季将过，草木开始结果，到了收获季节。

**处暑：**每年的 8 月 22—23 日，“处”为结束的意思，至此暑气即将结束，天气将变得凉爽。

**白露：**每年的 9 月 7—8 日，由于太阳直射点明显南移，各地气温下降很快，天气凉爽，晚上贴近地面的水汽在草木上结成白色露珠，由此得名“白露”。

**秋分：**每年的 9 月 22—23 日，日光直射点又回到赤道，这是秋季 90 天的中分点，形成昼夜等长。

**寒露：**每年的 10 月 8—9 日，此时太阳直射点开始向南移动，北半球气温继续下降，天气更冷，寒生露凝。

**霜降：**每年的 10 月 23—24 日，深秋景象明显，冷空气南下越来越频繁，昼夜温差变化大。

**谚语：**秋后的蚂蚱，蹦跶不了几天。

一场秋雨一场寒，十场秋雨要穿棉。

白露身不露，秋后少游水。

**诗词：**无言独上西楼，月如钩，寂寞梧桐深院锁清秋。——李煜《相见欢》

一年好景君须记，最是橙黄橘绿时。——苏轼《赠刘景文》

空山新雨后，天气晚来秋。——王维《山居秋暝》

自古逢秋悲寂寥，我言秋日胜春朝。——刘禹锡《秋词》

## 二、植　　物

**银杏（*Ginkgo biloba*）：**银杏科银杏属落叶乔木，又名白果、公孙树，雌雄异株植物。银杏树高大挺拔，叶似扇形，冠大荫状，5 月开花，10 月成熟，果实为橙黄色的种实核果。银杏是现存裸子植物中最古老的孑遗植物之一，人称“活化石”。银杏苗体高大，姿态优美，是理想的园林绿化、景观园林树种，被列为中国四大长寿观赏树种（松、柏、槐、银杏）之一。

**乌桕（*Triadica sebifera*）：**大戟科乌桕属落叶乔木，树冠整齐，叶形秀丽，入秋叶色红艳，冬日白色的乌桕籽挂满枝头，经冬不落。乌桕是中国特有的经济树种，已有 1400 多年的栽培历史。它的种子主要用于制作香皂、蜡纸、蜡烛、油漆和油墨等。

**无患子（*Sapindus saponaria*）：** 无患子科无患子属落叶乔木，高可达 20 余米，树皮灰褐色或黑褐色。嫩枝绿色，无毛。花序顶生，圆锥形，花小，辐射对称。果直径 2~2.5 厘米，橙黄色，干时变黑。果皮含有皂素，干果皮用水浸泡后搓揉会产生泡沫，可用于清洁。花期春季，果期夏秋。无患子喜光、喜温暖湿润、耐寒耐旱、对土壤要求不严，在微酸性、中性土上均能生长。

**黄连木（*Pistacia chinensis*）：** 漆树科黄连木属落叶乔木。高可达 20 余米，树干扭曲，树皮暗褐色，呈鳞片状剥落，幼枝灰棕色。花单性异株，先花后叶，圆锥花序腋生。核果倒卵状球形，成熟时紫红色，干后具纵向细条纹，先端细尖。种子榨油可作润滑油或制皂。产长江以南各省区及华北、西北等地。

**鸡爪槭（*Acer palmatum*）：** 槭树科槭属落叶小乔木。叶纸质，近圆形，直径 7~10 厘米，基部心脏形或近于心脏形稀截形，5~9 掌状分裂，通常 7 裂，裂片长圆卵形或披针形，先端锐尖或长锐尖，边缘具紧贴的尖锐锯齿。翅果嫩时紫红色，成熟时淡棕黄色。入秋后叶转为鲜红色，色艳如花，灿烂如霞，为优良的观叶树种。

**鹅掌楸（*Liriodendron chinense*）：**木兰科鹅掌楸属落叶大乔木，中国特有珍稀植物。叶形如马褂：叶片的顶部平截，犹如马褂的下摆；叶片的两侧平滑或略微弯曲，好像马褂的两腰；叶片的两侧端向外凸出，仿佛是马褂伸出的两只袖子。故鹅掌楸又叫马褂木。花单生枝顶，花被片 9 枚，外轮 3 片萼状，绿色，内二轮花瓣状黄绿色，基部有黄色条纹，形似郁金香。秋季叶色金黄，似一个个黄马褂，是珍贵的行道树和庭园观赏树种。

**芦苇：**禾本科芦苇属高大禾草。夏秋开花，圆锥花序，顶生，疏散，长 10~40 厘米，稍下垂，小穗含 4~7 朵花，雌雄同株，花序长约 15~25 厘米，小穗长 1.4 厘米，为白绿色或褐色，花序最下方的小穗为雄，其余均雌雄同花，花期为 8—12 月。芦苇的果实为颖果，披针形，顶端有宿存花柱。生长在灌溉沟渠旁、河堤沼泽地等，世界各地均有生长。

## 活动主题：好色之秋

时间：9—11 月

户外地点：植物园、公园、小区街道等地

活动内容：观察采集 3 种色叶，观察叶片形态，生长习性，不同品种

科学内容：

秋色叶树种：是指进入秋季或经霜后叶色由绿色转成其他颜色，并能使整个树冠显得鲜艳而优美的观赏树种。秋色叶树大多属于落叶树，某些常绿树种的叶片虽然也会变色，但多出现在冬季。另外，大多数落叶树种的叶片入秋经霜后也会变色，但持续时间短，而且色泽不佳，缺乏观赏性，因此这两类不属于秋色叶树种。

光合作用：叶子是大自然的食物工厂。植物从土地中汲取水分，从空气中获取二氧化碳，然后利用阳光把水和二氧化碳合成有机物，并释放氧气。氧气是我们用来呼吸的气体，葡萄糖是一种糖类。光合作用依赖一种叫作“叶绿素”的化学物质，就是叶绿素赋予叶子绿色。

当夏天结束，秋天来临的时候，白天会变得越来越短，这就是为什么树木会“知道”秋天来临的原因。在冬天，没有足够的阳光和水来进行光合作用。许多植物在这个季节会好好休息，利用之前在夏天储备的食物过冬。冬天，许多植物的“食品制造工厂”会关闭，叶绿素会从叶子中消失。当绿色消失的时候，我们就会看到叶

子变成黄色和橙色。其实，这两种颜色一直存在叶子里，只是我们在夏天看不见，因为它们被叶绿素给“盖住”了。

但是，红色和紫色却是在秋天产生的。因为在一些树，比如枫树中，当光合作用停止的时候，葡萄糖就会被留在树叶中；阳光和凉爽的秋夜会让这些树木中的葡萄糖变成红色。正是这些物质让落叶变得五彩斑斓。

**准备事项：**笔、记录本。

## 学习记录单

**小学阶段：**记录数量和种类，并大致画出变色叶树种叶片的形状和颜色。

**初中阶段：**记录数量和种类，并详细画出变色叶树种整株植株的形态。

**高中阶段：**记录数量和种类，观察植株特征进行自然笔记创作，并正确书写植物拉丁名。

根据下面的形状描述，说说是哪个植物的叶片？

单叶互生——菱形叶　　答案：乌柏

一回奇数复叶互生——羽毛状　　答案：黄连木

一回偶数复叶互生——羽毛状　　答案：无患子

**动手DIY：**

叶片拓印

彩铅拓印：把树叶放在一张软纸下，用铅笔或蜡笔在纸上刷

（必须往同方向），然后就会有树叶的形状出来（纸压得越紧越好）。

颜料拓印：如果是拓印在笔记本上的话，那么无论水彩、广告颜料、丙烯颜料都是可以选择的；如果是印在衣服或布料上，就必须使用亚克力颜料。先将叶子在被印物上排列构图，确定位置。在叶子背面刷上颜料，并在颜料干掉之前尽快将叶子贴到刚刚摆的位置上，然后把另一张纸覆盖在叶子上，适度用手推、压，将刚刚涂在叶背的颜料压印在被印物上就可以了。

**相关场馆链接：**上海辰山植物园、上海植物园

**历史故事：**

名人文化

一千多年前，杜牧在湖南长沙的岳麓山下被漫山红叶（枫香）触动，吟出赞美红叶（秋色叶树种）的千古绝唱："远上寒山石径斜，白云生处有人家。停车坐爱枫林晚，霜叶红于二月花。"几百年后，在这个万山红遍、层林尽染的地方建起了岳麓书院，传播中华文化。清乾隆年间，书院的罗典院长在书院不远处的青枫峡建造了爱晚亭。

20世纪初，毛泽东来到这里作下"万山红遍，层林尽染；漫江碧透，百舸争流。鹰击长空，鱼翔浅底，万类霜天竞自由"的词句。片片红叶将唐代大诗人、从书院走出去的一代代学者、"新民学会"、毛泽东紧紧联系起来，见证了千年历史，承载着中华文化，洋溢着人们热爱大自然、热爱祖国的深情。

## 活动主题：探究洋葱的奥秘

**时间：**9—11月

**户外地点：**上海市郊种植地（浦东、奉贤、金山、青浦等地农业合作社）及社区菜场

**活动内容：**观察2~3个上海本地种植洋葱品种的特点（鳞茎颜色、种子形状与颜色、开花颜色及花期），比较不同品种之间的差异，了解洋葱的起源、生长特点及用途，学习如何进行洋葱外表皮细胞的质壁分离及复原实验，进行洋葱DNA的粗提取与鉴定的实验。

**科学内容：**

洋葱（*Allium cepa*），别名球葱、圆葱，为二年生或多年生草本。根弦线状，浓绿色圆筒形中空叶子，表面有蜡质，叶鞘肥厚呈鳞片状，密集于短缩茎的周围，形成鳞茎（俗称葱头），伞状花序，白色小花，蒴果。根茎外边包着一层薄薄的皮（白、黄或红色），里面是一层一层的肉，一般是白色或淡黄色。

根：洋葱的胚根入土后不久便会萎缩，因而没有主根，其根为弦状须根，着生于短缩茎盘的基部，根系较弱，无根毛，根系主要密集分布在20厘米的表土层中，故耐旱性较弱，吸收肥水能力较弱。根系生长温度较地上低，地温5℃时，根系即开始生长，10℃~15℃最适宜，24℃~25℃时生长缓慢。

茎：在营养生长时期，洋葱的茎短缩形成扁圆锥形的茎盘，茎盘下部为盘踵，茎盘上部环生圆圈筒形的叶鞘和枝芽，下面生长须

根。成熟鳞茎的盘踵组织干缩硬化，能阻止水分进入鳞茎。因此，盘踵可以控制根的过早生长或鳞茎过早萌发。生殖生长时期，植株经受低温和长日照条件，生长锥开始发芽分化，抽生花薹，花薹筒状，中空，中部膨大，有腊粉，顶端形成花序，能开花结实。顶球洋葱由于花期退化，在花苞中形成气生鳞茎。

叶：洋葱的叶由叶身和叶鞘两部分组成，由叶鞘部分形成假茎和鳞茎，叶身暗绿色，呈圆筒状，中空，腹部有凹沟。洋葱的管状叶直立生长，具有较小的叶面积，叶表面被有较厚的蜡粉，是一种抗旱的生态特征。

花：花葶粗壮，高可达 1 米，中空的圆筒状，在中部以下膨大，向上渐狭，下部被叶鞘，总苞 2~3 裂，伞形花序球状，具多而密集的花，小花梗长约 2.5 厘米。花粉白色，花被片具绿色中脉，矩圆状卵形，长 4~5 毫米，宽约 2 毫米，花丝等长，稍长于花被片，约在基部 1/5 处合生，合生部分下部的 1/2 与花被片贴生，内轮花丝的基部极为扩大，扩大部分每侧各具 1 齿，外轮呈锥形。

子房：近球状，腹缝线基部具有帘的凹陷蜜穴；花柱长约 4 毫米。花果期 7—9 月。

**准备事项：**笔、笔记本、尺、洋葱、水、0.3 g/mL 的蔗糖溶液、刀片、镊子、载玻片、盖玻片、吸水纸、培养皿、显微镜、研钵、石英砂、漏斗、纱布、烧杯、玻璃棒、药匙、试管、水浴锅、冰无水乙醇、二苯胺试剂。

## 学习记录单

**小学阶段：**记录洋葱的品种，大致画出鳞茎的形态、种子形状与颜色、开花颜色。

**初中阶段：**观察比较各种洋葱品种之间所存在的差异（鳞茎、种子、花色及形态等），学习如何进行洋葱外表皮细胞的质壁分离及复原实验。

**高中阶段：**了解洋葱的起源、生长特性及经济价值，进行洋葱 DNA 的粗提取与鉴定的实验。

**动手 DIY：**

洋葱外表皮细胞的质壁分离及复原实验

1. 提取洋葱外表皮

撕去洋葱外表皮，方法有两种：第一种方法是取一块洋葱，然后轻轻掰成两半，在这两半之间会留下一层表皮，取下即可；第二种方法是用刀片在洋葱外表皮上画一个方块，用镊子轻轻插入撕取一片即可，注意选择的必须是紫色的表皮，可以比较小，但必须是单层细胞。

2. 制作装片

在载玻片上滴一滴清水，将撕下的表皮细胞放在清水上，注意一定要摊平，不能出现折叠的现象，可以用镊子来操作。

3. 低倍镜观察

将做好的装片放在显微镜下，用低倍镜观察。观察的时候需要移动装片直到找到紫色大细胞为止。

4. 蔗糖处理

在载玻片的一侧滴加蔗糖溶液，为了让蔗糖进入洋葱细胞中，需要在另一侧用吸水纸吸，使得蔗糖慢慢进入盖玻片下。等待 3 分钟左右再观察洋葱细胞的变化。注意实验时间不能过长，蔗糖处理可以在载物台上操作。

5. 清水处理

观察完毕之后，在载玻片的一侧滴加清水，同样用吸水纸吸取蔗糖溶液，使得细胞浸没在清水中，大约 3 分钟时间再次观察现象。此实验同样在载物台上操作。

6. 整理器材

所有实验做完之后，取下载玻片、目镜、物镜，将显微镜放入盒子中，整理桌面。

## 洋葱 DNA 的粗提取与鉴定的实验

实验目的：

初步掌握 DNA 的粗提取和鉴定的方法，观察提取出来的 DNA 物质。

实验原理：

1.（DNA 白色丝状物 + 蛋白质结合）存在于细胞核中，在 2 mol/L 氯化钠溶液中，使核蛋白容易解聚，游离出 DNA。此时钠离子与带负电荷的 DNA 结合成 DNA 钠盐，DNA 中呈溶解状态。

2. 通过机械研磨破坏细胞释放（DNA+ 蛋白）结合物，再用 2 mol/L 氯化钠溶液溶解出 DNA。

3. DNA不溶于酒精，而细胞中某些物质溶于酒精，可以用酒精提取含杂质较少的DNA。

4. DNA中的嘌呤核苷酸中的脱氧核糖遇酸形成ω－羟基－γ－酮基戊醛，和二苯胺试剂在沸水浴条件下作用呈现蓝色，因此二苯胺可作为鉴定DNA的试剂。

材料器具：洋葱、研钵、石英砂、漏斗、纱布、烧杯、玻璃棒、药匙、试管、水浴锅、冰无水乙醇、二苯胺试剂。

试剂要求：

1. 无水乙醇提前放冰箱冷藏，可快速溶解DNA。

2. 二苯胺试剂A与二苯胺试剂B现用现混，A为强酸溶液，用时需小心，B液加A液中，A∶B=100∶1。

实验步骤：

1. 研磨液释放DNA

称取30 g已切碎的洋葱，放入研钵中，加入少量石英砂助研，倒入2 mol/L的氯化钠溶液10 mL，充分研磨。

2. 冰无水乙醇提取DNA

（1）研磨后，用漏斗和纱布将汁液过滤到小烧杯中，得到滤液。

（2）向滤液中加入冰无水乙醇20 mL，沿烧杯壁缓缓倒入，不要振动或搅拌。此时，烧杯中的液体分为上、下两层，下层较浑浊，上层澄清，很快上层溶液中就会有白色纤维状黏稠物析出，用玻璃棒可将其轻轻卷起。这就是记录生命遗传信息的重要物质——DNA。

3. 二苯胺鉴定DNA

（1）溶解DNA：用玻璃棒挑出白色絮状DNA转移到另一试管中，加2 mL 2 mol/L的氯化钠溶液使DNA溶解以液体形式呈现，便于鉴定。

（2）设置对照组：另外一试管中加2 mL 2 mol/L的氯化钠溶液作为对照，并对两支试管进行标记。

（3）二苯胺水浴鉴定：两支试管中各加2 mL二苯胺试剂，在沸水浴中加热10分钟，观察颜色变化。

实验结果：加入白色絮状物的试管中颜色变为蓝色，另一对照试管中没有颜色变化，说明提取出了洋葱中的DNA。

**相关场馆链接：**上海植物园、上海都市菜园、上海孙桥现代农业园区

**历史故事：**

洋　葱　汤

洋葱汤是法国最受欢迎的家常菜品之一，它在法国的地位，如同味噌汤之于日本，红菜汤之于俄罗斯，是传统饮食中的经典，展现着法国特有的饮食习俗和文化风情。

法国洋葱汤的历史可以追溯到18世纪。一次，国王路易十五（Louis XV）上山打猎迷失方向，到深夜才回到了林中小屋。又累又饿的他能找到的只有一些奶酪、洋葱和几片干面包，于是就把它们混在一起煮成了洋葱汤。虽然是如此简单的食材，国王却觉得非常好喝，回到皇宫后便命令御厨们为其烹调洋葱汤。美味的洋葱汤于是成为经典佳肴并传到民间。

# 三、动　物

**优雅蝈螽（*Gampsocleis gratiosa*）：**直翅目螽斯科蝈螽属昆虫，俗称蝈蝈。多为碧绿色，前翅较短，长度不到腹部的一半。本种主要分布在我国甘肃、内蒙古、陕西以及江浙一带。一般生活在灌木丛或庄稼地中，以植物的茎干和果实为主食，尤其喜爱毛豆。

**黄脸油葫芦（*Teleogryllus emma*）：**直翅目蟋蟀科油葫芦属昆虫。身体粗壮，长约15~25毫米不等，褐色或黑色，有油光。头大，复眼凸出，眼有白色的眉纹，触角长，上颚（牙）锋利，颜面黄色。雄性翅可以摩擦发音，后翅如果没有脱落，会卷成束，超出前翅。雌性翅没有发音器，尾部有矛状的产卵瓣。

**迷卡斗蟋（*Velarifictorus micado*）：**直翅目蟋蟀科斗蟋属昆虫，就是平时我们所说的蟋蟀。身长10~20毫米不等，褐色或黑色，有斑纹和光泽。头大，复眼凸出，触角长，牙锋利。雄性前翅可以摩擦发音，后翅脱落。雌性翅短，没有发音器，尾部有矛状的产卵器。前足有类似耳朵的听器，后足强壮。此种斗蟋分布很广，由于个体变化很大，尤其是头部的花纹和身体的颜色产生的差异，因此有各种各样的名称。雄性极其善斗，被称为中华第一虫。

**多伊棺头蟋（*Loxoblemmus doenitzi*）：**直翅目蟋蟀科棺头蟋属昆虫。体长 10~20 毫米，身体褐色，头顶前倾，雄性尤其突出，前缘呈圆弧形，如同古代棺材的正面观。颜面中部有一个黄色圆斑，颜面两侧有大的角状凸出。生活在林间或石块下，寿命较短，有一定的趋光性。

**中华大刀螳（*Tenodera sinensis*）：**螳螂目螳螂科大刀螳螂属昆虫。身体细长，体长约为 10~110 毫米，颜色有绿色、白色或褐色。头部近似三角形，能左右活动，触角细短，复眼强烈凸出，除复眼外还有三个排列成三角形的单眼，在夜晚也能准确地捕捉到猎物。胸部细长，前足铡刀状，边缘有坚硬的细刺，便于捕捉猎物，同时还能防止猎物逃脱。腹部较长，背面覆盖有两对翅。在我国分布很广。

**短额负蝗（*Atractomorpha sinensis*）**：直翅目锥头蝗科负蝗属昆虫。雄性成虫体长20毫米，雌性体长30毫米左右，草绿色或褐黄色，头尖，颜面倾斜，后翅红色，后足细长。以水稻等禾本科植物和豆类、棉花、蔬菜等为食，善跳跃。

**中华剑角蝗（*Acrida cinerea*）**：直翅目剑角蝗科剑角蝗属昆虫，又称中华蚱蜢。身体瘦长，雌性体长80毫米，为雄性的2倍，绿色或褐色，头特别尖。触角剑状，前翅狭长，后足细长。多在田边、草丛中活动，以禾本科植物为食。

**纺织娘（*Mecopoda elongata*）**：直翅目螽斯科纺织娘属昆虫。成虫体长30~40毫米，连同翅的长度约为60毫米，身体颜色有绿色或枯黄色两种，前翅很长很宽，竖立在身体两侧，后足非常细长。一般生活在较密集的灌木丛中，夜间鸣叫。因其叫声如同织布机的织布声，故名纺织娘。以植物的花和嫩叶为食，尤喜爱在南瓜藤上活动，遇到危险时，可自断后足来摆脱捕捉者的控制。主要分布在我国的华南和华东地区。

泽陆蛙（*Fejervarya multistriata*）：无尾目叉舌蛙科陆蛙属两栖动物。成体长40~50毫米。背部具有长短不一的皮肤褶。背面一般为灰橄榄色或深灰色，杂有深色斑纹，上下唇唇缘具有深色纵纹。蝌蚪全长30毫米左右，背面橄榄绿色，背部及尾部具有深色斑点。栖息于稻田、沼泽、水塘、水沟等静水环境及其附近的旱地草丛。昼夜活动，捕食各种昆虫。

多疣壁虎（*Gekko japonnicus*）：有鳞目壁虎科壁虎属动物。成体全长100~150毫米。背部及四肢具有明显的疣鳞，尾基部每侧各有3枚肛疣，雄性较为明显。背部为灰褐色，深浅依环境而异。背部具有5条浅色横斑，尾背面具有9~12个浅色环纹。栖息于建筑物的缝隙、岩缝、树洞等地，以各种昆虫为食，具有争斗性。

**中华绒螯蟹**（*Eriocheir sinensis*）：十足目弓蟹科绒螯蟹属动物。又称河蟹、毛蟹、清水蟹、大闸蟹。杂食性动物，鱼、虾、螺、昆虫等均可作为大闸蟹的动物性饵料。头胸甲呈圆方形，后半部宽于前半部。背面隆起，螯足，雄比雌大，掌节与指节基部的内外面密生绒毛，腕节内末角具一锐刺，长节背缘近末端处与步足的长节同样具一锐刺。步足以最后三对较为扁平，腕节与前节的背缘各具刚毛。腹部，雌圆雄尖。

**鳊鱼**（*Parabramis pekinensi*）：鲤形目鲤科鳊鱼属鱼类。体长约 50 厘米。体高，侧扁，全体呈菱形。体背部青灰色，两侧银灰色，腹部银白；体侧鳞片基部灰白色，边缘灰黑色，形成灰白相间的条纹。偏草食性的鱼类，以各种水生植物为食，还能摄食少量浮游动物。中国各大水系均可见，以长江中、下游最多，是江南地区主要淡水养殖鱼类之一。

**带鱼**（*Trichiurus lepturus*）：鲭形目带鱼科带鱼属鱼类。全长 1 米左右，体型侧扁如带，头尖口大，至尾部逐渐变细。呈银灰色，背鳍及胸鳍浅灰色，带有很细小的斑点，尾巴呈黑色。性凶猛，主要以毛虾、乌贼为食。由于其栖息于较深的海域，打捞出水面时无法承受空气和水下的巨大压力差而死亡，故日常中几乎见不到活的带鱼。中国从渤海至南海均有分布。

**棕背伯劳（*Lanius schach*）**：雀形目伯劳科伯劳属鸟类。属于中型鸣禽，体长23~28厘米。喙粗壮而侧扁，先端具利钩和齿突，翅短圆；尾长，圆形或楔形；趾具钩爪。头大，嘴、脚黑色，背棕红色。外侧尾羽皮黄褐色。两翅黑色具白色翼斑，额、头顶至后颈黑色或灰色，具黑色贯眼纹，下体棕白色。主要以昆虫等动物性食物为食。成语"劳燕分飞"出自"东飞伯劳西飞燕"，"劳"就是指伯劳。

**大山雀（*Parus major*）**：雀形目山雀科山雀属鸟类，俗称"白脸山雀"。中小型鸟类，体长13~15厘米。整个头黑色，头两侧各具一大型白斑。上体蓝灰色，背沾绿色。下体白色，胸、腹有一条宽阔的中央纵纹与颏、喉黑色相连。性较活泼而大胆，不甚畏人。行动敏捷，常在树枝间穿梭跳跃，或从一棵树飞到另一棵树上，边飞边叫。主要以昆虫为食。

**灰喜鹊（*Cyanopica cyana*）**：雀形目鸦科灰喜鹊属鸟类。外形酷似喜鹊，但稍小。体长33~40厘米。嘴、脚黑色，额至后颈黑色，背灰色，两翅和尾蓝色。尾长，呈凸状具白色端斑，下体灰白色。栖息于开阔的松林及阔叶林、公园和城镇居民区。杂食性，但以动物性食物为主，主要吃昆虫，兼食一些植物果实及种子。

**环颈鸻（*Charadrius alexandrinus*）：**鸻形目鸻科鸻属鸟类。全长约 16 厘米。中小型涉禽。迁徙性鸟类，具有极强的飞行能力。额前和眉纹白色；头顶前部具黑色斑，头顶后部、枕部至后颈沙棕色或灰褐色，后颈具一条白色领圈。上体灰褐色，腰的两侧白色。两侧尾羽白色，中央尾羽黑褐色，向端部渐黑。下体白色，胸部两侧有独特的黑色斑块。栖息于河岸沙滩、沼泽草地上，以昆虫、软体动物为食，兼食植物种子和叶片。

**红隼（*Falco tinnunculus*）：**隼形目隼科隼属鸟类，又叫红鹰、红鹞子。小型猛禽。雄鸟头顶、头侧、后颈、颈侧蓝灰色，背和翅上覆羽砖红色，具分布较为稀疏的近似三角形的黑色斑块；尾蓝灰色，具宽阔的黑色次端斑和窄的白色端斑；眼下有一宽的黑色纵纹沿口角垂直向下。栖息于山地和旷野中，飞行较高。捕捉地面上活动的啮齿类动物、小型鸟类及昆虫。

## 活动主题：横行将军——中华绒螯蟹

**时间：**9—11 月

**户外地点：**长江大堤、蟹类养殖场等

**活动内容：**观察中华绒螯蟹的身体结构、行走时的姿态、颜色、形状、喜好的食物等。

**科学内容：**

因两只大螯上有绒如毛，故崇明人称中华绒螯蟹为“老毛蟹”。它的出生地就在崇明岛的长江口水域。中华绒螯蟹栖于淡水湖泊河流，但在河口半咸水域繁殖。每年 6—7 月间新生幼蟹溯河进入淡水后，栖于江河、湖荡的岸边。喜掘穴而居，或隐藏在石砾、水草丛中。掘穴时主要靠 1 对螯足，步足只起辅助作用。以水生植物、底栖动物、有机碎屑及动物尸体为食。取食时靠螯足捕捉，然后将食物送至口边。

广泛分布于我国南北沿海各地湖泊，中国唯一的中华绒螯蟹苗繁育基地在上海市崇明岛，因为崇明岛的地理位置正好在长江入海口，也是螃蟹繁衍后代的地方，每年 9—11 月为生产旺季。

**准备事项：**地笼等捕蟹工具、笔、尺、记录本。

## 学习记录单

**小学阶段：**记录数量和种类，并大致画出螃蟹的形状。

**初中阶段：**用地笼、网兜等捕捉后观察螃蟹身体结构。

**高中阶段：**观察螃蟹的身体结构、行走姿态、食物喜好。

**相关场馆链接：**崇明生态科技馆、崇明宝岛蟹庄

**历史故事：**

大闸蟹的来历

中华绒螯蟹为什么被称为“大闸蟹”呢？包笑天曾对这个名称写过一篇《大闸蟹史考》，说道：“‘大闸蟹’三字来源于苏州卖蟹人之口……人家吃蟹总喜欢在吃夜饭之前，或者是临时发起的，所以这些卖蟹人，总是在下午挑了担子，沿街喊道：‘闸蟹来大闸蟹’。”这个“闸”字，音同“SA”（“SA”在吴方言中就是水煮的意思），蟹以水蒸煮而食，谓“SA 蟹”。

# 四、天文与气象

**台风：**台风发源于热带海面，那里温度高，大量的海水被蒸发到了空中，形成一个低气压中心。随着气压的变化和地球自身的运动，流入的空气也旋转起来，形成一个逆时针旋转的空气漩涡，这就是热带气旋。只要气温不下降，这个热带气旋就会越来越强大，最后形成了台风。台风也是赤道以北，日界线以西，亚洲太平洋国家或地区对热带气旋的一个分级。

## 活动主题：月球

**时间**：8—10月

**户外地点**：近郊开阔地域

**活动内容**：通过天文望远镜观察月球表面的特征，通过连续观察掌握农历与月相变化之间的关系。

**科学内容**：

环形山：环形山是月球表面非常明显的特征。通常环形山接近于圆形，边缘隆起中间塌陷。它源自其他小天体的撞击。环形山几乎遍布月球表面，有些甚至互相重叠和嵌套。由于月球表面没有大气层，没有风化作用，因此撞击所留下的环形山可以数以亿年地留存下去。其他星球表面也有类似的环形山，比如水星和一些小行星等。地球表面也有由于陨石撞击而产生的环形山。

月球表面很多的环形山都会以人名来命名，比如以哥白尼、伽利略和第谷等著名的天文学家来命名。中国也有一些人名被命名于月球上的环形山，如张衡、祖冲之、郭守敬、高平子等。

第谷环形山位于月球南半球，以丹麦天文学家第谷的名字命名。第谷环形山是月球表面非常明显的环形山，其直径达到约85千米，深度约4800米，其中间有一座高达1000多米的中央峰。有研究表明，这个环形山是一亿多年前由一块来自小行星的碎片撞击而成，并在月球表面留下了长达1500余千米的辐射纹。而来自同一类小行星的另一块巨大陨石则可能造成了6500万年前恐龙的灭绝。

月海：月球表面除了环形山外，还有大量显得比较暗淡的区域，这些区域通过望远镜看来相对比较平坦，早些时候科学家们一度认为那是月球表面的海洋，因此称之为月海。后来科学家们才发现，那些所谓的“海洋”其实是月球表面的平原，而上面覆盖的也不是海水。在月球的正面，月海占据了相当大的范围，而这也让人们产生各种各样的想象。相比月球正面，月球背面则很少见到这样大片的平坦区域。月球表面除了大片平原被称之为月海外，还有小片的平原被称之为“月湖”或者“湾”。我国嫦娥三号探测器所着落的虹湾便位于月海西北。

虹湾：虹湾位于月球表面雨海的西北部区域，南北约 100 千米，东西约 300 千米的范围。虹湾地势相对平坦，因此我国的嫦娥三号探测器将这个区域作为首次着落的地点。每个月农历初十至二十五，可以通过天文望远镜在月球表面清晰地观察到虹湾。

月相变化：由于月球围绕地球公转，因此从地球上看月球，每 29 天半都会有一次由缺到圆又到缺的过程，这便是月相的变化。从天文学上来说，当月球运行至地球和太阳之间，称之为“朔”，这一天是看不到月亮的，通常这一天也为农历的初一；农历初七前后，月球正面朝西的半球被阳光照亮，从地球上可以看到半个月亮，此时称之为“上弦月”；而当月球运行到太阳的相对位置，日落之后便可看到一轮圆月从东方升起，这时候称之为“望”，望通常发生在农历十五、十六甚至十七；当月球继续运行，阳光只将月球正面的半球照亮的时候称之为“下弦月”，此时通常正值农历二十三，由此周而复始。

**准备事项：**月球正面图、记录本、笔。

## 学习记录单

根据实际观察，尝试画出月球表面月海的分布图，并标注自己所观察到的主要环形山。

**动手 DIY：**

绘制环形山

绘制月球正面的主要特征图，有条件的可以使用照相机进行拍摄。

通过电脑中的电子星图或网上搜索引擎查找，并在所绘制的月面图上标注出第谷环形山、哥白尼环形山以及主要月海的位置。

**相关场馆链接：**上海天文博物馆、上海自然博物馆、上海科技馆

**历史故事：**

美国阿波罗登月计划

阿波罗登月计划是美国于 1961 年开始实施的一系列载人登月并安全返回的计划。在经过数次实验和探索后，1969 年 7 月 16 日，阿波罗十一号成功发射，并于 20 日在月球表面着陆，尼尔·阿姆斯特朗（Neil Alden Armstrong）与巴兹·奥尔德林（Buzz Aldrin）成为首次登陆地球以外天体的人类。整个阿波罗计划于 1972 年阿波罗十七号返回地球后结束，共有 6 批共 12 名宇航员登陆月球。阿波罗计划共采集了 381.7 千克的月球岩石标本。在整个计划实施过程中有两次失败的经历。阿波罗一号在 1967 年 2 月 27 日发射前的例行测试时指令舱发生火灾，3 名宇航员全部遇难。阿

波罗十三号在飞往月球的过程中于1970年4月13日发生氧气罐爆炸，使得登月计划不得不终止，通过宇航员与地面操控人员的共同努力，飞船于4天后安全返回地球。这也是人类宇航历史上一次非常成功的拯救行动，其故事也被拍摄成电影《阿波罗十三号》。

嫦娥探月工程

我国的嫦娥探月工程于2003年启动，以“绕、落、回”三步走的方式对月球进行探测活动。2007年10月24日，我国的第一颗探月卫星嫦娥一号成功发射。11月7日，探测卫星成功进入环绕月球运行的轨道开始对月球进行探测。2009年3月1日在完成全部既定探测任务后，嫦娥一号受控坠落于月球表面。2010年10月1日，我国第二颗探月卫星嫦娥二号顺利发射并于10月9日进入环月轨道。2011年6月9日，已经顺利完成所有既定探月任务的嫦娥二号卫星离开月球轨道向太阳系深处进行探测并于2012年4月15日飞跃4179号小行星，这也是我国首次对小行星进行探测器探测。2013年12月2日，作为我国实施探月第二阶段的探测卫星嫦娥三号发射升空。12月14日，嫦娥三号在月球表面的虹湾成功实施软着陆并于次日释放玉兔号巡视器。此后，嫦娥三号和玉兔号分别使用所搭载的科学仪器对月球表面进行了实地探测活动。2018年12月8日，嫦娥四号发射升空，2019年1月3日在月球背面预选区着陆，在人类历史上首次实现了航天器在月球背面软着陆和巡视勘察，首次实现了月球背面同地球的中继通信。2020年11月24日，嫦娥五号探测器成功发射，开启中国首次地外天体采样返回之旅。12 月 17 日，嫦娥五号返回器携带月球样品安全着陆。

## 活动主题：观察台风

**季节：**8—10 月

**户外地点：**海边、公园等比较开阔的地带

**活动内容：**观察台风带来的风雨天气，了解台风的结构、形态、移动路径以及防御指引。

**科学内容：**

台风的生命周期

1. 孕育阶段

经过太阳一天的照射，海面上形成了强盛的积雨云，这些积雨云里的热空气上升，周围较冷空气源源不绝地补充进来，再次遇热上升，如此循环，使得上方的空气热、下方空气冷，上方的热空气里的水汽蒸发扩大了云带范围，云带的扩大使得这种运动更加剧烈。经过不断扩大的云团受到地转偏向力影响，逆时针旋转起来（在南半球是顺时针），形成热带气旋，热带气旋里旋转的空气产生的离心力把空气都往外甩，中心的空气越来越稀薄，空气压力不断变小，形成了热带低压——台风初始阶段。

2. 发展（增强）阶段

因为热带低压中心气压比外界低，所以周围空气涌向热带低压，遇热上升，供给了热带低压较多的能量，超过输出能量。此

时，热带低压里空气旋转更厉害，中心最大风力升高，中心气压进一步降低。等到中心附近最大风力达到一定标准时，就会提升到更高的一个级别，热带低压提升到热带风暴，再提升到强热带风暴、台风，有时能提升到强台风甚至超强台风，这要看能量输入与输出比决定，输入能量大于输出能量，台风就会增强，反之就会减弱。

3. 成熟阶段

台风经过漫长的发展之路，变得强大，具有了造成灾害的能力，如果这时登陆，就会造成重大损失。

4. 消亡阶段

通常来说，台风登陆后最终的宿命是逐渐减弱消亡。这是因为，一方面，陆面相较海面更加粗糙且有很多障碍物，掠过陆面的摩擦力会消耗掉台风的能量，导致其减弱；另一方面，海面上有充足的水汽不断为台风补充能量，而登陆后水汽等能量来源迅速减少，台风会不断减弱消亡。然而在这一过程中，如果遇到大气环流、地形等因素配合，台风就有可能给登陆点千里之外的地方，带去极端强降水。

## 台风分类

热带低压（热带低气压的简称）是热带气旋的一种，属于热带气旋强度最弱的级别（其最大风力为每小时62千米或以下），热带低压是台风形成最重要的起源也是到最后消失的结尾。

热带风暴是热带气旋的一种，是指中心附近最大风力达8~9级

（17.2~24.4 米 / 秒）的热带气旋，热带风暴的产生预先要有一个弱的热带涡旋存在（热带低压）。热带风暴给中国沿海、日本海沿岸、印度、东南亚和美国东南部带来大量的雨水，约占这些地区总降水量的 1/4 以上，对改善这些地区的淡水供应和生态环境都有十分重要的意义。

强热带风暴是热带气旋的一种，底层中心附近最大平均风速为 24.5~32.6 米 / 秒，底层中心附近最大风力为 10~11 级，热带气旋近中心最大风力为 10~11 级（24.5~32.6 米 / 秒）时，热带风暴加强上去时，就称为强热带风暴。

强热带风暴继续加强，就会形成台风。台风是热带气旋的一个类别。在气象学上，按世界气象组织定义：热带气旋中心持续风速在 12~13 级（即 32.7~41.4 米 / 秒）称为台风（*typhoon*）或飓风（*hurricane*）。飓风的名称使用在北大西洋及东太平洋；而北太平洋西部（赤道以北，国际日期线以西，东经 100 度以东）使用的是台风。

当台风继续加强上去时就称为强台风，是指中心附近最大风力 14~15 级（41.5~50.9 米 / 秒）的热带气旋。当强台风继续加强，会成为超强台风，如果强台风的强度减弱，会成为台风，强台风发生常伴有大暴雨、大海潮、大海啸。发生时，人力不可抗拒，易造成人员伤亡。强台风给广大的地区带来了充足的雨水，成为与人类生活和生产关系密切的降雨系统。

超强台风是热带气旋中最强级别。当风速大于 51.0 米 / 秒时就称为超强台风，风最高时速可达 300 千米以上，所到之处，摧枯拉朽，巨大的能量可以直接给人类造成灾难。这种风力极具破坏力，陆地少见。在海上，超级台风会有造成 14 米及以上的极巨浪，漫天白沫，能见度极低的情况。故超强台风具有严重灾害性的破坏，是世界上最严重的自然灾害之一。

**准备事项：**手提电脑、笔、尺、记录本。

## 学习记录单

**小学阶段：**观察台风到来前的天空，收听收看天气预报关于台风的报告，并大致描述台风的形态、类别和影响范围。

**初中阶段：**观察台风对海洋和陆地的影响，感受户外的风向变化。

**高中阶段：**了解影响台风路径的因素，理解台风灾害的防御指引。

**小实验：**

制作风暴瓶

一个透明玻璃瓶（喝酸奶或奶茶剩下的即可），10 g 天然樟脑、40 mL 无水乙醇、2.5 g 硝酸钾、2.5 g 氯化铵、34 mL 蒸馏水。

步骤：

1. 将天然樟脑和乙醇混合，加以搅拌，使得天然樟脑充分溶解在乙醇中。

2. 用蒸馏水溶解硝酸钾和氯化铵。

3. 将以上两种溶液混合在一起，倒入瓶中，迅速摇晃，使析出物再次溶解。

4. 将瓶口用软木塞塞住。为保证密封性，可以用蜡封住瓶口。

5. 放置一周左右时间，樟脑晶体就慢慢呈现了。也就是说，这个风暴瓶做好了。

提示：

如果液体澄清，说明天气将晴好；

如果液体朦胧，有时伴有沉淀，那么天气也会像溶液一样多云；

如果溶液中有沉淀悬浮，预示着潮湿的天气或下霜；

如果悬浮的沉淀和朦胧的液体并存，说明暴风雨将会到来；

如果在晴朗的冬日里液体中有沉淀悬浮，就说明要下雪了；

如果在暖和的日子里或者下雪的冬天，液体中有大块的沉淀，说明将会阴天；

如果在杯底有晶体析出，说明要下霜了；

如果在顶部有螺旋纹，说明要起风了。

**相关场馆链接：**上海气象博物馆、上海科技馆、上海浦东气象展览馆

# 冬

# WINTER

# 一、节　　气

冬季的时间：11 月至翌年 1 月

立冬：每年的 11 月 7—8 日，代表着冬季的开始。

小雪：每年的 11 月 22—23 日，北方冷空气势力加强，气温下降，出现小雪花。

大雪：每年的 12 月 6—7 日，降雪天数和降雪量比小雪节气增多，地面逐渐开始有积雪。

冬至：每年的 12 月 21—22 日，此时北半球的这一天成为一年中白昼最短的一天。冬至过后北半球白昼渐长，气温持续下降，并进入气温最低的数九寒冬。

小寒：每年的 1 月 5—6 日，此时气候开始寒冷。

大寒：每年的 1 月 20—21 日，数九严寒，一年中最寒冷的时候。

谚语：冬有大雪是丰年。

冬天不护树，栽上保不住。

立冬无雨一冬晴。

诗词：欲将轻骑逐，大雪满弓刀。——卢纶《塞下曲》

孤舟蓑笠翁，独钓寒江雪。——柳宗元《江雪》

遥知不是雪，为有暗香来。——王安石《梅花》

柴门闻犬吠，风雪夜归人。——刘长卿《逢雪宿芙蓉山主人》

# 二、植　　物

水杉（*Metasequoia glyptostroboides*）：柏科水杉属乔木。树皮灰褐色，长条片状剥裂，内皮红褐色。小枝对生。叶痕小，近圆形。顶芽发达，纺锤形。芽鳞三角形，无毛。

构树（*Broussonetia papyrifera*）：桑科构属乔木。树皮深灰色，具紫色斑块。一年生枝密生灰白色刚毛。叶痕对生、近对生或二列互生，半圆形或圆形。无顶芽。侧芽扁或卵状圆锥形，芽鳞 2~3 个，被疏毛，具缘毛。

紫薇（*Lagerstroemia indica*）：千屈菜科紫薇属落叶灌木或小乔木。枝干多扭曲；树皮淡褐色，薄片状，剥落后枝特别光滑。小枝四棱，常有窄翅。

雪松（*Cedrus deodara*）：松科雪松属乔木。高达 50 米，胸径达 3 米。树皮深灰色，裂成不规则的鳞状块片。叶针形，坚硬，淡绿色或深绿色。球果卵圆形或宽椭圆形，长 7~12 厘米，直径 5~9 厘米，顶端圆钝。我国原产西藏南部，国外产于印度及阿富汗地区，国内各省市现已广泛栽培作庭院树。在气候温和凉润，土层深厚，排水良好的酸性土壤上生长旺盛。

枇杷（*Eriobotrya japonica*）：蔷薇科枇杷属常绿小乔木。叶片革质，倒卵形，长 12~30 厘米，宽 3~9 厘米，叶柄短或几无柄。圆锥花序顶生，花直径 12~20 毫米；花瓣白色，有锈色绒毛；果实球形或长圆形，黄色或橘黄色，外有锈色柔毛，种子 1~5 粒，球形或扁球形，褐色，光亮，花期 10 月至翌年 1 月，果期 5—6 月。

番薯（*Ipomoea batatas*）：旋花科虎掌藤属植物，又名山芋、甘薯、红薯。一年生草本植物，平卧地面斜上，叶片通常为宽卵形，花冠粉红色、白色、淡紫色或紫色，钟状或漏斗状，长 3~4 厘米，蒴果卵形或扁圆形，具地下块根，块根纺锤形，外皮土黄色或紫红色。

## 活动主题：陆地上的先锋——地衣

**时间：**12 月至翌年 1 月

**户外地点：**上海各公园、植物园地面、岩石表面及树皮表面

**活动内容：**找到 2~3 种地衣，观察不同类型地衣的结构特征，比较它们与其他植物的区别。记录地衣的生存环境，总结地衣生长环境的特点，思考地衣为什么被称为先锋物种，为什么地衣可用于环境污染（主要是大气污染）检测。

**科学内容：**

地衣的结构特点

地衣是多年生植物，是一种由真菌和藻类组合而成的生物。因为真菌和藻类长期紧密地联合在一起，无论在形态上、构造上、生理上和遗传上都形成一个单独的固定有机体，因此，把地衣单列为地衣植物门。

地衣体中的菌丝缠绕藻细胞，并从外面包围藻类。藻类光合作用制造的有机物，大部分被菌类所夺取，藻类和外界环境隔绝，不能从外界吸取水分、无机盐和二氧化碳，只好依靠菌类供给，它们是一种特殊的共生关系。菌类控制藻类，地衣体的形态几乎完全是由真菌决定的。如果把地衣体的藻类和菌类取出，分别培养，藻类无法在干燥的环境中生存，菌类则被饿死。可见地衣体的菌类、藻类共生生活。

按照不同的形态，地衣可分为 3 种类型：

壳状地衣：地衣体是彩色深浅多种多样的壳状物，菌丝与基质紧密相连接，有的还生假根伸入基质中，因此很难剥离，多生于岩石上。

叶状地衣：地衣体呈叶片状，四周有瓣状裂片，常由叶片下部生出一些假根或脐，附着于基质上，易与基质剥离，生长于草地、岩石和树皮上。

枝状地衣：地衣体树枝状，直立或下垂，仅基部附着于基质上。有些直立在地上，比如石蕊；有些悬垂分枝挂在云杉等树枝上，如松萝。

地衣的生存环境：

大部分地衣是喜光性植物，要求新鲜空气，因此，在人烟稠密，特别是工业城市附近，见不到地衣。地衣一般生长很慢，数年内才长几厘米。地衣能忍受长期干旱，干旱时休眠，雨后恢复生长，因此，可以生在峭壁、岩石、树皮或沙漠地上。地衣耐寒性很强，因此，在高山带、冻土带和南、北极，其他植物不能生存，而地衣独能生长繁殖，常形成一望无际的广大地衣群落。

目前上海市内只有一些年代较久、环境较好的小区里可能会有一种耐受性极强的癞屑衣。

**准备事项：**照相机（或有摄影功能的手机）、园艺铲、笔、尺、记录本、小型标本夹（或较厚的书本）、吸水纸（或卫生纸）。

## 学习记录单

**小学阶段：**观察地衣的形态特征和生长环境，记录在下面的表格中。

| 采集时间 | 采集地点 | 采集环境（基质） | 是否容易剥离 |
| --- | --- | --- | --- |
| | | | |

地衣画像：

**初中阶段：**观察地衣的生长环境，记录地衣多附生在哪些树种上。

**高中阶段：**观察地衣的形态和结构特征，总结地衣生长环境的特点，思考地衣为什么被称为先锋物种。

**动手 DIY：**

地衣对大气污染敏感度调查

在地衣经常出现的地方，大气污染也都比较轻或者没有空气污染。而在一些大气污染比较严重的城市街头，树上、岩石上都看不到地衣，是因为地衣对大气污染非常敏感。所以地衣可以作为大气污染的指示生物。当空气中二氧化硫浓度超过每立方米 30 微克时，就能够导致地衣细胞渗透压的改变，改变地衣共生藻叶绿素的性质，地衣失去了营养合成的来源就会发生解体。

利用地衣做环境监测工作，主要方法有两种：一是调查污染源周围自然生长的地衣种类和生长状态，并通过这些地衣直接测定地衣体内吸收和沉积的污染物以及含量，推算出相应地区空气污染的程度和范围，通过大气纯净指数的异同，绘制大气质量分区图和污染监测图；另一种方法是选择无污染地区的地衣种，并移植入污染地区进行地衣的理化分析试验，从而确定污染物和污染等级指数。

限于监测条件，我们可以改为绘制地衣种分布地图。调查污染源周围生长在特定基物上的某一种地衣，把距污染源最近出现该种地衣的各点连结起来，就构成了地衣种的分布图。各种地衣对二氧化硫的敏感性各不相同，对各个种的调查就可得到各个种地衣的分布图。由于某一种地衣对最大污染浓度的忍耐程度相对一致，这样也就等于画出了污染的浓度梯度及其范围。可以选择 3 种地衣开展调查。

## 活动主题：随我采药去
## ——枇杷叶采收与加工

**时间：** 12 月至翌年 1 月

**户外地点：** 上海中医药博物馆、益大本草园、上海辰山植物园、上海植物园

**活动内容：** 在老师带领和指导下，学生们自己动手采收枇杷叶，知道如何选择需要采收的中药枇杷叶；并在采收过程中了解枇

杷树的各部位形态，特别是叶子的形态。采收后，学生动手加工。刮去、刷去或用粗布擦拭掉枇杷叶背面的毛绒，并了解枇杷叶入药为何要去毛。去毛后将枇杷叶切丝，晾干或晒干备用。

**科学内容：**

枇杷叶是一味常用止咳中药，为枇杷的干燥叶。据《中国药典》记载，枇杷叶味苦，性微寒，具有清肺止咳，降逆止呕的功效。常用于肺热咳嗽，气逆喘急，胃热呕逆，烦热口渴等。另外，枇杷树其他部位也可入药。枇杷根，苦，平，能清肺止咳、镇痛下乳，主治肺结核咳嗽、风湿筋骨痛、乳汁不通。枇杷核，苦，寒，可疏肝理气，主治疝痛、淋巴结结核、咳嗽。

枇杷叶相关的中成药：枇杷膏、川贝枇杷膏、蜜炼川贝枇杷膏、蛇胆川贝枇杷膏；枇杷止咳糖浆、枇杷止咳颗粒、枇杷止咳胶囊、枇杷止咳露、复方枇杷止咳颗粒。

现代研究表明，枇杷叶中有挥发油、三萜类、倍半萜类、黄酮类等多种化合物，其生理活性具有抗炎止咳、降血糖、抗肿瘤、抗氧化和保肝等作用。

**准备事项：**铅笔、彩笔、记录本；毛刷、粗布、竹刮刀、刀、簸箕或竹筛。

## 学习记录单

**小学阶段：**记录枇杷叶子、花的形态，并绘出枇杷花、枇杷叶的形态或根据形态涂色。

初中阶段：观察枇杷叶、枇杷花的形态，并用较科学的术语来描述。了解枇杷叶的功效。

高中阶段：观察枇杷叶和花的形态，了解枇杷叶的功效，了解枇杷叶加工炮制原理，了解枇杷叶常用的药方（至少 1~2 种）。

动手 DIY：

枇杷叶加工

采收颜色较深的老叶，用毛刷将枇杷叶背面的毛绒刷掉（或用竹刮刀刮去毛绒），再用湿粗布擦拭干净。干燥（晒干或烘箱烘干）至七八成干后，将去毛的枇杷叶捆扎成小把，用刀横切成宽约 5 毫米的条状丝，放簸箕内晒干。

相关场馆链接：上海中医药博物馆、益大本草园博物馆、上海植物园草药园、上海辰山植物园

## 活动主题：探究竹与笋的奥秘

时间：12 月至翌年 1 月

户外地点：上海植物园、上海辰山植物园等公园绿地

活动内容：观察了解 2~3 个竹类品种的形态特征（竹叶形态、枝干形态、竹子开花、地下茎、冬笋和春笋的区别），比较不同品种之间的差异；引导孩子立志学习“寒岁三友”傲雪凌霜的坚毅品格；学习如何挖笋，手工制作竹笛。

科学内容：

竹是高大乔木状禾草类植物，记载有 70 余属，1000 多种，分

布于热带、亚热带至暖温带地区。竹原产中国，主要分布在南方，像四川、湖南、浙江等，类型众多，适应性强，分布极广。中国有37属，约500种，以四川地区为主。

竹一生只开花结籽一次。竹的地上茎木质而中空（我们称为竹竿），它是从竹的地下茎（根状茎）成簇状生出来的。最矮小的竹种，其竿高10~15厘米，最大的竹种，其竿高达40米以上。

竹的地下茎（俗称竹鞭）是横着生长的，中间稍空，也有节并且多而密，在节上长着许多须根和芽。一些芽发育成为竹笋钻出地面长成竹子，另一些芽并不长出地面，而是横着生长，发育成新的地下茎。因此，竹子都是成片成林地生长。嫩的竹鞭和竹笋可以食用。

秋冬时，竹芽还没有长出地面，这时挖出来就叫冬笋；春天，竹笋长出地面就叫春笋。冬笋和春笋都是中国菜品里常见的食物。

上海本地常见的竹品种有毛竹、佛肚竹、小琴丝竹等。

毛竹：禾本科刚竹属，单轴散生型常绿乔木状竹类植物。竿高可达 20 多米，粗可达 20 多厘米，老竿无毛，并由绿色渐变为绿黄色；壁厚约 1 厘米；竿环不明显，末级小枝 2~4 叶；叶耳不明显，叶舌隆起；叶片较小较薄，披针形，下表面在沿中脉基部柔毛，花枝穗状，无叶耳，小穗仅有 1 朵小花；花丝长 4 厘米，柱头羽毛状。颖果长椭圆形，顶端有宿存的花柱基部。4 月笋期，5—8 月开花。毛竹是中国栽培悠久、面积最广、经济价值也最重要的竹种。毛竹叶翠，四季常青，秀丽挺拔，经霜不凋，雅俗共赏，常置于庭园或作室内盆栽观赏。

佛肚竹：为禾本科丛生型竹类植物。幼秆深绿色，稍被白粉，老时转橄黄色。秆二型：正常圆筒形，高 7~10 米，节间 30~35 厘米；畸形秆通常 25~50 厘米，节间较正常短。箨叶卵状披针形；箨鞘无毛；箨耳发达，圆形或卵形至镰刀形；箨舌极短。性喜温暖、湿润、不耐寒。宜在肥沃、疏松、湿润、排水良好的砂质壤土中生长。该种常作盆栽，施以人工截顶培植，形成畸形植株以供观赏；在地上种植时则形成高大竹丛，偶尔在正常竿中也长出少数畸形竿。漂亮的佛肚竹也是很多工艺品、文玩物品的加工对象。如扇子、竹雕、乐器等。

小琴丝竹：别名花孝顺竹，是丛生竹。秆高 2~8 米，径 1~4 厘米。新秆浅红色，老秆金黄色，并在不规则间有绿色纵条纹。产于长江以南各省，广泛栽植于公园及庭院，为庭园观赏或盆栽的上品。

**准备事项：**笔、笔记本、尺、园艺铲、园艺锄、锯子、铁钉。

## 学习记录单

**小学阶段：**记录竹类的品种，大致画出竹株的形态、竹叶的样式、笋的形状和颜色。

**初中阶段：**观察比较各种竹子品种之间的差异（株型、叶形，条件允许的话看到竹米）；观察比较冬笋与春笋的差别，条件允许的话，可利用工具亲手挖笋、炒食。

**高中阶段：**了解竹子的强度特性及在建筑材料上的前瞻应用。

竹子在2—3年即可成材，而木材至少需要25年。使用竹子替代木材做建筑材料，可节约更多森林资源，延缓地球变暖。相同面积的建筑，竹子与混凝土的能耗比为1∶8，同等建筑过程中，竹子能耗仅为钢材的1/50；与木材和其他人工材料相比，竹子没有辐射；即使未经加工，竹子借助纤维组织，其纵向抗拉伸强度是中碳钢的5~6倍；竹建筑更具灵活性，优点之一是可以通过更换损坏或老化的部分而增强耐用性，经过防腐等手段处理的竹材使用寿命可达30年之久。

**动手DIY：**

如 何 挖 笋

挖竹笋有挖冬笋和挖春笋两种，采挖冬笋需要丰富的经验和技术，而春笋是已经冒尖或者全部出土的南竹笋，采挖要简单得多。

冬笋约在12月初至次年2月底采挖。采挖时，可以用三种方法。

扫荡式挖法：顺着竹根把竹林细致深翻一遍，深度为40厘米，翻土时遇到冬笋，就一次性挖取，顺便能给竹林松土。沿竹鞭翻土挖笋法：选择合适的竹子，用锄头在根部浅挖，挖到黄色或者棕黄色的竹鞭，顺着竹鞭翻挖，就能找到竹笋了。开穴挖笋法：在竹子周围，如果发现地表泥土松动

或者开裂，用脚踩时土壤松软，这里肯定就有冬笋，只需要轻轻挖开就可取笋了。

春笋大约在3月初至4月底采挖，这时候，竹笋大多已经长出地面或在泥土面上冒尖了，寻找起来就比较容易。发现春笋后，先用锄头将笋周围土挖开，直到看见春笋的根部，再对准根部用锄头锄断根部，连根挖起。注意尽量别伤到小笋芽、老笋和竹鞭，刨完后要用原来的土填上。

手工制作竹笛

1. 选择一段伤疤较少的竹子段，大概45~70厘米。

2. 用锯把选择的这一段锯开，锯的时候一定要小心，慢慢锯开，避免造成不必要的损坏，影响竹笛的质量。在锯好的竹子段的两端随便选择一端，记为A。

3. 在竹子段距离A点10厘米处，用记号笔标记一个点，记为“1点”，距离“1点”2厘米处标记一个点，记为“2点”，按此依次再标记3个点。最后一个点记为“5点”，再在距离“5点”3厘米处标记一个点。

4. 找一个铁钉，用火加热，用加热好的铁钉尖端先把竹子打

通。然后给竹子上画好的点打孔，重复打孔直到得到满意的一个孔，这样就会得到一个比较简易的竹笛。

**相关场馆链接**：上海植物园、上海辰山植物园、上海都市菜园

**历史故事**：

胸有成竹

北宋画家文同，字与可，他画的竹子远近闻名，每天总有不少人登门求画。文同画竹的妙诀在哪里呢？原来，文同在自己家的房前屋后种上各种各样的竹子，无论春夏秋冬，阴晴风雨，他经常去竹林观察竹子的生长变化情况，琢磨竹枝的长短粗细，叶子的形态、颜色，每当有新的感受就回到书房，铺纸研墨，把心中的印象画在纸上。日积月累，竹子在不同季节、不同天气、不同时辰的形象都深深地印在他的心中，只要凝神提笔，在画纸前一站，平日观察到的各种形态的竹子立刻浮现在眼前。所以每次画竹，他都显得非常从容自信，画出的竹子无不逼真传神。当人们夸奖他的画时，他总是谦虚地说："我只是把心中琢磨成熟的竹子画下来罢了。"

有位青年想学画竹，得知诗人晁补之对文同的画很有研究，前往求教。晁补之写了一首诗送给他，其中有两句："与可画竹，胸中有成竹。"后来，人们就用"胸有成竹"比喻做事之前已作好充分准备，对事情的成功已有了十分的把握；又比喻遇事不慌，十分沉着。

# 三、动　　物

家蝇（*Musca domestica*）：双翅目蝇科蝇属昆虫。成虫体长 6 毫米左右。灰褐色，胸部有四条黑色纵纹，腹端黑色。多生活在粪便、垃圾和有机质丰富的地方。

乌鳢（*Channa argus*）：鲈形目鳢科鳢属鱼类，又称黑鱼、乌鱼。形呈长棒状，头部扁平，头大，口裂大。体色背部灰绿色，腹部灰白，体侧有作八字形排列的显明黑色条纹。头部有三对向后伸出的条纹。乌鳢是营底栖性鱼类，通常栖息于水草丛生、底泥细软的静水或微流水中，遍布于湖泊、江河、水库、池塘等水域内。乌鳢生性凶猛，繁殖力强，胃口奇大，常能吃掉某个湖泊或池塘里的其他鱼类，还能在陆地上滑行，迁移到其他水域寻找食物。

八哥（*Acridotheres cristatellus*）：雀形目椋鸟科八哥属鸟类。体长 23~28 厘米，体黑色，嘴乳黄色，脚黄色。前额有长而竖直的羽簇，有如冠状，翅具白色翅斑，飞翔时尤为明显。尾羽和尾下覆羽具白色端斑。主要栖息于阔叶林、竹林和林缘疏林中。以昆虫为食，也吃谷粒、植物果实和种子等植物性食物。它能模仿其他鸟的鸣叫，也能模仿简单的人语，在国内广被人们笼养。

斑嘴鸭（*Anas poecilorhyncha*）：雁形目鸭科鸭属大型鸭类。体长50~64厘米，嘴黑色，前端黄色，脚橙黄色，脸至上颈侧、眼先、眉纹、颏和喉均为淡黄白色。通常栖息于淡水湖畔，亦成群活动于江河、湖泊、水库、海湾和沿海滩涂盐场等水域。鸭脚趾间有蹼，但很少潜水，游泳时尾露出水面，善于在水中觅食、戏水和求偶交配。以植物为主食，也吃无脊椎动物和甲壳动物。常成群活动，善游泳，亦善于行走。

麻雀（*Passer montanus*）：雀形目雀科麻雀属鸟类。小型鸣禽，体形较为矮圆，一般上体呈黑色的斑杂状，因而俗称麻雀。多在人类居住的地方活动，极为活泼，胆大易近人，同时警惕性极高。是上海分布最广，数量最多的一种鸟。

白头鹎（*Pycnonotus sinensis*）：雀形目鹎科鹎属鸟类，也叫白头翁。不管在市区里的公园或者住宅小区，还是市郊的农村，都能见到它的身影，它头后的那一圈白色羽毛特别明显，全身基本是灰色，肚子的颜色浅些，翅膀上

则显出一些翠绿色。

乌鸫(*Turdus merula*):雀形目鸫科鸫属鸟类。身体黑色,眼周橙黄色,黄嘴。在春天,乌鸫的歌声甚至胜于以鸣叫见长的画眉、百灵等。多栖息在树林里,一般在公园里都能见到它。

珠颈斑鸠(*Streptopelia chinensis*):鸽形目鸠鸽科珠颈斑鸠属鸟类,俗称野鸽子。身体为棕灰色,颈部和胸部略偏粉红,颈后有一个布满白点的黑色斑块,起飞时可以看见它黑色尾部的两侧端部有白色斑块,这是它与上海其他几种斑鸠的明显区别之一。多在树林里活动,飞行时扇翅频率很快,叫声为拖长的"咕——咕——"声。

## 活动主题:聆听冬之声

**时间:**12 月至翌年 2 月

**户外地点:**绿化好的小区、公园等地

**活动内容:**观察白头鹎、麻雀、珠颈斑鸠、乌鸫的外貌特征、鸣叫声和栖息的环境。

**科学内容:**冬季万物凋零,一些野生鸟类却愈发活泼。它们

歇在光秃秃的落叶树上齐声鸣唱，很容易被发现并进行观察。上海地区的白头鹎、麻雀、珠颈斑鸠、乌鸫被称为野生鸟类中最常见的“四大金刚”，分布广而数量多，在上海树木长得很好的小区和绿地，经常能见到它们的身影。

**准备事项：**望远镜、鸟类图鉴、笔、记录本。

## 学习记录单

**小学阶段：**发现1~2种常见鸟类，记录其外形及栖息环境。

**初中阶段：**辨识4种常见鸟类。

**高中阶段：**用仪器记录白头鹎的叫声。

**动手DIY：**

### 鸟类喂食器

冬季，植物凋零，万物萧瑟，各种野生动物进入食物匮乏期。作为城市中最容易见到的野生动物——鸟类，需要四处寻找食物以维持生命。因此，在这个季节制作鸟类喂食器，投放鸟儿喜欢的食物，无疑可以帮助它们顺利度过漫长而寒冷的季节。在校园、庭院中放置鸟类喂食器招引鸟儿，也为自己的生活增添生态情趣，增长见识。

鸟类喂食器可以用木头、塑料瓶、铁罐等材料制作，根据鸟的种类填充合适的食物，常见的为谷物。要有供鸟停歇的栖架，放置在安静、开阔、较少受人为干扰的场所。喂食器安装在柱子上或悬挂起来，避免猫对鸟的伤害。

**相关场馆链接：**上海动物园、上海自然博物馆、上海植物园

# 四、天文与气象

**星云：**星云是恒星际空间中的气体尘埃云。很多星云也是恒星诞生的温床。恒星的诞生就源自星云气体的不断凝聚，比如猎户座大星云的内部便聚集了许多正在诞生中的恒星。一些星云则是恒星演化末期的产物，比如著名的蟹状星云是一颗超新星爆发的残骸等。星云虽然被称之为“云”，但实际密度仍然非常的小，因此，当你真正穿越一片星云的时候可能毫无觉察。星云的形态很多，可谓绚丽多彩，成为许多天文爱好者们追逐的重要目标。

猎户座大星云

**星团：**星团是由成百上千甚至上万颗恒星所组成的恒星集团，所有集团成员彼此之间被引力所束缚在一起。这些恒星聚集在一起，有些相对集中，形成球型，称之为球状星团；有些则比较松散，彼此之间距离相对较远，称之为疏散星团。在冬季，肉眼可以在金牛座看到两个非常明显的星团——昴星团和毕星团。

昴星团

**星系：**星系是包含几十亿至几千亿颗恒星、星云、星团以及其他星际物质，大小约几千至几十万光年的巨大天体系统。我们的银河系就是一个典型的星系。星系根据结构可以分为多种不同形态，有些结构对称，有些则不规则。著名的仙女座星系，距离我们约250万光年，其大小约为银河系的两倍，也是人们用肉眼可以观察到的重要天体。

仙女座星系

**寒潮：**冬季的一种灾害性天气，人们习惯把寒潮称为寒流。来自高纬度地区的寒冷空气，在特定的天气形势下迅速加强并向中低纬度地区侵入，造成沿途地区剧烈降温、大风和雨雪天气。这种冷空气南侵达到一定标准的就称为寒潮。我国气象部门规定：冷空气侵入造成的降温，一天内达到10℃以上，而且最低气温在5℃以下，则称此冷空气爆发过程为一次寒潮过程。

## 活动主题：初识星空

**时间：**12月至翌年1月

**户外地点：**远郊开阔地域

**活动内容：**通过天文图片区分星团、星云和星系的区别。用星图、平板电脑等工具了解猎户座大星云、仙女座星系、昴星团等特殊天体在天空中的大致位置，并通过天文望远镜对它们进行观察。

**科学内容：**

猎户座大星云是一个位于猎户座的弥漫星云，距离我们1300多光年。在没有光害的地方，我们仅凭肉眼就可以观察到这个星云。在猎户座大星云的中心部分，有4颗明亮的恒星，在它们周围还有许多正在形成的恒星。通过研究这些恒星，科学家们对于恒星诞生以及形成初期的情况有了进一步的了解。猎户座大星云也是非常美丽的星云，许多天文爱好者都将其作为重要的拍摄目标。

**准备事项：**星图、平板电脑或智能手机、记录本、笔、天文望远镜。

## 学习记录单

根据实际观察，尝试绘制猎户座大星云的形态。

动手 DIY：

拍摄猎户座大星云

拍摄：将照相机接在天文望远镜上，将望远镜对准猎户座大星云并启动望远镜的跟踪装置，启动快门对星云进行 2 分钟以上的长时间曝光。

处理：将照片导入电脑或者平板电脑中，使用图像编辑软件提升照片的亮度及对比度，使得星云的亮度可以得到进一步提升。

相关场馆连接：上海天文博物馆、上海自然博物馆、上海科技馆

历史故事：

星云与星系之争

虽然人们很早之前就关注到仙女座中有一个非常巨大的天体系统，但对其的定义却一直很纠结。即便是在天文望远镜诞生之后，人们也仅仅是将这个天体称之为“仙女座大星云”。因为当时的人们没有办法很精确地测定这个天体与我们之间的距离究竟有多远。1864 年，英国天文学家威廉·哈金斯（William Huggins）在观察当时还被称之为“仙女座大星云”的光谱时，注意到这个星云与一般气体星云的光谱有所不同，更像是一个恒星的光谱。1887 年，人们通过长时间曝光的方法，第一次拍摄到这个星系的螺旋结构。但由于当时人们一直认为这应该是一个位于我们银河系以内的天体，因此仍然将其定义为一个星云。1925 年，著名天文学家哈勃

(Edwin Powell Hubble)使用一台口径达到 2.5 米的望远镜，在“仙女座大星云”中找到一颗造父型变星。通过测量这颗变星的亮度，他测定出这个所谓的星云与我们之间的距离远超银河系的范围，这才为这个跨越几个世纪的争论画上了句号。而后，人们通过各种方法尝试测定仙女座星系与我们之间的距离，最新测定的结果是这个星系与我们之间大约有 250 万光年的距离。

## 活动主题：观察“寒流”

**时间：**12 月至翌年 2 月

**户外地点：**海边、公园等比较开阔的地带

**活动内容：**观察冷空气来临前后的天气变化，观察天空云系的层次和形态。

**科学内容：**

中国位于欧亚大陆的东南部。往北的西伯利亚是气候很冷的地方，再往北去，就到了地球最北的地区北极了。那里比西伯利亚地区更冷，寒冷期更长。影响中国的寒潮就是从那些地方形成的。位于高纬度的北极和西伯利亚地区，一年到头受太阳光的斜射，地面接受太阳光的热量很少。尤其是到了冬天，太阳光线南移，北半球太阳光照射的角度越来越小，因此，地面吸收的太阳光热量也越来越少，地表面的温度变得很低。北极地区的寒冷程度更加增强，范围扩大，平均气温一般都在零下 40℃以下。范围很大的冷气团聚集到一定程度，在适宜的高空大气环流作用下，就会大规模向南入侵，形成寒潮天气。

由于北极和西伯利亚一带的气温很低，大气的密度就要大大增加，空气不断收缩下沉，使气压增高，这样便形成一个势力强大、深厚宽广的冷高压气团。当这个冷性高压势力增强到一定程度时，就会像决了堤的海潮一样，一泻千里，汹涌澎湃地向中国袭来，这就是寒潮。每一次寒潮爆发后，西伯利亚的冷空气就要减少一部分，气压也随之降低。但经过一段时间后，冷空气又重新聚集堆积起来，孕育着一次新的寒潮的爆发。

具体来说，入侵我国的冷空气的源地主要为：（1）新地岛以西洋面上；（2）新地岛以东洋面上；（3）冰岛以南洋面上。其中，95%的冷空气都要经过西伯利亚中部（70°~90° E，43°~65° N）地区，并在那里积累加强，这个地区就称为“寒潮关键区”。入侵我国的寒潮主要有4条路径。（1）西路：从西伯利亚西部进入中国新疆，经河西走廊向东南推进；（2）中路：从西伯利亚中部和蒙古进入中国后，经河套地区和华中南下；（3）东路：从西伯利亚东部或蒙古东部进入中国东北地区，经华北地区南下；（4）东路加西路：东路冷空气从河套下游南下，西路冷空气从青海东南下，两股冷空气常在黄土高原东侧，黄河、长江之间汇合，汇合时造成大范围的雨雪天气，接着两股冷空气合并南下，出现大风和明显降温。

寒潮分类：中国气象科学研究院的寒潮年鉴将冷空气过程分为全国性寒潮、区域性寒潮、强冷空气、一般冷空气四级。

**准备事项：**照相设备、笔、尺、记录本。

## 学习记录单

**小学阶段：**记录冷空气影响前后同一时间的温度变化，注意大风和降雨或降雪开始的时间，观察天空云系变化。

**初中阶段：**绘制冷空气影响时段的气温变化图，并标注大风和降雨或降雪的时间，对照卫星云图来观察天空各个层次的云系变化。

**高中阶段：**判断冷暖空气的对比情况，辅助天气图来发现天气系统移动的方向。

**小实验：**

### 暴　风　雪

材料：一个透明容器（如玻璃瓶）、婴儿油、白色颜料、亮粉、水和苏打水。

实验步骤：先在瓶中倒入3/4的婴儿油，然后在一个碗中用温水与白色颜料混合（可以自己配比白色的浓度，加水多少由自己做主）。然后用白色的水把装有婴儿油的瓶子灌满，再往里面撒些亮粉。接着，让暴风雪来临！往这个瓶子里倒入一点苏打水会更加壮观。

### 永不融化的雪花

材料：硼砂、水、毛根棒、细绳、食用色素、小棒或者铅笔。

实验步骤：先把毛根棒折成雪花的样子。用细线把折好的雪花系在铅笔上。这段线要足够长，能让整个雪花浸入硼酸溶液中。接着把1/3杯的硼砂和2杯沸水混合，搅拌直至硼砂完全融化。然后将雪花整个浸入溶液，小棒或铅笔搁在瓶口处。过一整夜后，毛根棒上就会结有结晶。闪亮亮的雪花就做好了。

**相关场馆链接**：上海气象博物馆、上海科技馆、上海浦东气象展览馆

# 附录：昆虫的采集

**采集地点：**水面，水中，水底的卵石下，沙地上，落叶层中，腐殖土中，石块下，粪堆中，水塘边，动物尸体周围，腐烂的树干中，杂草中，灌木上（叶片正反面、嫩枝、树皮裂缝中，花朵里以及鼓起的虫瘿中），岩石上，动物身上，天空中，路灯下，房间里等。

**采集工具：**昆虫网、三角包、棉花包、塑料袋、毒瓶、镊子、剪刀、瓶子、小铲、螺丝刀、手电筒、纸、笔、照相机。有条件的还可以带上 2×2 米的白布、绳子和高压汞灯。

**采集方法：**

1. 捕网法：主要是捕捉空中飞行的昆虫。在草丛和植物上来回横扫，可将植物上的昆虫扫到网中；也可将网放在树丛下，用木棍敲打树枝，用网接住掉落的昆虫；还可以将网放在溪流中石头下方，然后翻动石头，让流水将昆虫冲进网里。

2. 诱捕法：用装有诱饵（腐肉、糖、水果等）的瓶子埋在土中，吸引昆虫入内；还可以将蜂蜜水涂在树干上引诱一些甲虫。

3. 灯诱法：晚上利用昆虫的趋光性，在白墙或白布前点灯，引诱昆虫前来。

4. 吸管法：对一些土中或落叶中的细小昆虫，可用吸虫管收集。

**蝴蝶的捕捉方法：**

1. 在下风口用网迎头捕蝶。入网后要立即将网袋折转，以防逃脱。

2. 用手指对网中蝴蝶的胸部挤压，将其内骨骼挤碎，使之无法逃离。

3. 从网中拿出，放入三角包中，应注意勿将触角折断。

**标本的制作：**

1. 还原：将干的标本放在容器内的架子上，架子下面放水，使标本吸收水汽后变软，一般需要 4~5 天。刚采回的标本不需要还原。

2. 展翅或展姿、针插：对蝴蝶进行展翅，对其他昆虫则是整理姿势，并用昆虫针针插。

3. 熏蒸：有条件的可以用四氯化碳在密闭的容器内对标本进行熏蒸处理，防止生虫，一般需要 10 天左右。

4. 烘干：处理好的昆虫可放入封闭的容器内，利用 100 瓦的灯泡进行烘烤，使昆虫体内的水分蒸发，蝴蝶和小昆虫一般 2~3 天，大的甲虫 3~4 天，具体时间可根据容器的大小、灯泡的多少自己掌握。

5. 标签记录：烘好的标本要插上标签，记录标本的种名、采集地点（省市或山名）、海拔、采集时间、采集人等信息。

6. 保管存放：标本应该存放在标本盒中，放置在干燥恒温的室内，在标本盒中还可以放一些樟脑精等防霉防蛀品来保护昆虫标本。

**注意事项：**

1. 尽量穿厚点的袜子、长裤和长袖的衣服，裤脚最好绑住。

2. 穿运动鞋或健身鞋，最好是高帮。

3. 带上背包、帽子、手套和雨衣。

4. 野外看到蜜蜂巢、胡蜂巢等蜂类最好避开。

5. 尽量不要用手去捉虫，可用镊子或其他工具。

6. 草深林密的地方不要进入，或用棍棒开路。

7. 避免单身一人，最好 2~3 人一组。

8. 带照相机拍摄时，一定要多注意从各个角度拍摄昆虫。

# 致谢

本手册中的内容由各相关专业场馆人员编写，参与编写的场馆有上海辰山植物园、上海植物园、上海自然博物馆、上海中医药博物馆、上海昆虫博物馆、上海动物园、上海天文博物馆、上海气象博物馆、上海东方地质博物馆、梦清园、都市菜园、崇明生态科技馆、长江河口科技馆。

本书在编撰过程中得到曹晓清老师、王建华老师、唐思贤老师、王吉衣老师、杨志栋老师、李银生老师的大力支持和帮助；同时也得到了上海各科普教育基地以及上海市科普教育基地联合会、上海野鸟会、中科院上海植物生理生态研究所的全力配合，在此一并致谢！

图书在版编目（CIP）数据

上海市中小学生户外自然探究活动参考手册 / 殷海生主编. — 上海：上海教育出版社，2023.9
（上海市青少年学生校外活动指南）
ISBN 978-7-5444-9187-7

Ⅰ. ①上… Ⅱ. ①殷… Ⅲ. ①自然科学 – 中小学 – 教学参考资料 Ⅳ. ①G633.73

中国国家版本馆CIP数据核字(2023)第172470号

责任编辑　戴燕玲
封面设计　金一哲

**上海市青少年学生校外活动指南**
**上海市中小学生户外自然探究活动参考手册**
**殷海生　主编**

出版发行　上海教育出版社有限公司
官　　网　www.seph.com.cn
地　　址　上海市闵行区号景路159弄C座
邮　　编　201101
印　　刷　上海锦佳印刷有限公司
开　　本　787×1092　1/32　印张 4.375
字　　数　92 千字
版　　次　2023年11月第1版
印　　次　2023年11月第1次印刷
书　　号　ISBN 978-7-5444-9187-7/G·7579
定　　价　59.00 元

如发现质量问题，读者可向本社调换　电话：021-64373213